Paul M. Zulehner

Gott ist größer als unser Herz

topos taschenbücher, Band 1052
Eine Produktion des Matthias Grünewald Verlags

Paul M. Zulehner

Gott ist größer als unser Herz

Eine Pastoral des Erbarmens

27.10.16

topos taschenbücher

Verlagsgemeinschaft topos plus
Butzon & Bercker, Kevelaer
Don Bosco, München
Echter, Würzburg
Matthias Grünewald Verlag, Ostfildern
Paulusverlag, Freiburg (Schweiz)
Verlag Friedrich Pustet, Regensburg
Tyrolia, Innsbruck

Eine Initiative der
Verlagsgruppe engagement

www.topos-taschenbuecher.de

Bibliografische Information der Deutschen Nationalbibliothek
Die Deutsche Nationalbibliothek verzeichnet diese Publikation in der Deutschen Nationalbibliografie; detaillierte bibliografische Daten sind im Internet über http://dnb.d-nb.de abrufbar.

ISBN 978-3-8367-1052-7
Ebook (PDF): 978-3-8367-5049-3
ePub: 978-3-8367-6049-2

Umschlagabbildung: © nena2112/photocase.com
Einband- und Reihengestaltung: Finken & Bumiller, Stuttgart
Herstellung: Friedrich Pustet, Regensburg
Printed in Germany

Inhalt

Vorwort zur Neuausgabe

Als dieses Buch vor zehn Jahren im Schwabenverlag erschien, konnte niemand ahnen, dass am 13.3.2013 mit Papst Franziskus ein Oberhaupt der katholischen Kirche gewählt würde, das das Erbarmen zum obersten Prinzip des Handels der Kirche machen wird. Dieser Papst steht für eine „Pastoral des Erbarmens“. Selbst in seinem Wappen taucht das Erbarmen auf: „miserando atque eligendo“. Etwas frei übersetzt heißt dies: „In seinem Erbarmen hat er mich erwählt.“

„Erbarmen“ ist das Herz aller großen Weltreligionen. In jeder Sure des Islam wird Allah als der Allerbarmer gepriesen. Im tibetischen Buddhismus ist einer der verehrten Buddhas, der „Buddha des Erbarmens“, dargestellt mit 1000 Augen und 1000 Händen – der Dalai Lama ist seine Reinkarnation. Auch das Judentum sieht bildlich Gott mit einem Mutterschoß (rechem): Das Wort ist mit Erbarmen verwandt. Und in der Botschaft Jesu, vor allem wie Lukas sie theologisch verdichtet, spielt das Erbarmen eine zentrale Rolle.

Natürlich ist Franziskus nicht der erste Papst, dem an einer mütterlich-erbarmenden Kirche liegt. Schon der Konzilspapst Johannes XXIII. wünschte bei der Eröffnung des Konzils, dass dieser mütterliche Zug der Kirche zum Tragen komme. Papst Johannes Paul II. wiederum schrieb im Jahre 1980 – inspiriert durch die von ihm heiliggesprochene Sr. Faustina Kowalska aus Polen – eine Enzyklika, in der er Gott pries als „Dives in misericordia“ – „Reich an Erbarmen“.

Papst Franziskus aber schien dieses Anliegen seines Vorvorgängers noch zu wenig den Alltag des kirchlichen Lebens und

Handelns erreicht zu haben. Er rief für die Zeit vom 8. Dezember 2015 bis zum 20. November 2016 ein Heiliges Jahr aus, um das Anliegen zu vertiefen, dass die Kirche das reiche Erbarmen Gottes erfahrbar machen soll.[1] Bei der Ankündigung vermerkte er: „Vielleicht haben wir es für lange Zeit vergessen, auf den Weg der Barmherzigkeit hinzuweisen und ihn zu gehen." In seiner Predigt wünschte er sich, dass das Heilige Jahr eine „neue Etappe auf dem Weg der Kirche" sei, das Evangelium der Barmherzigkeit allen Menschen zu bringen. Bereits am Anfang des Jahres 2015 hatte der Papst insistiert: „Das ist die Zeit der Barmherzigkeit. Es ist wichtig, dass die Gläubigen sie leben und in alle Gesellschaftsbereiche hineintragen. Vorwärts! Wir leben in der Zeit der Barmherzigkeit, das ist die Zeit der Barmherzigkeit."

Papst Franziskus ist wie seinem Vorbild, dem umbrischen heiligen Franziskus, das „Evangelium sine glossa" wichtig. Deshalb umkreist er ständig und inständig das Thema der Barmherzigkeit. In einer Botschaft zur Fastenzeit 2015 sagte er: „Wie sehr möchte ich, dass die Orte, an denen sich die Kirche zeigt – unsere Gemeinden und besonders unsere Gemeinschaften –, zu Inseln der Barmherzigkeit im Meer der Gleichgültigkeit werden!"

Und schon beim ersten Angelusgebet nach seiner Wahl am 17.3.2013 bekannte der Papst: „Es hat mir so gut getan von der Barmherzigkeit zu hören... Es ist das Beste, was wir hören können: es ändert die Welt. Ein wenig Barmherzigkeit macht die Welt weniger kalt und viel gerechter. Wir haben es notwendig, diese Barmherzigkeit Gottes gut zu verstehen, dieses barmherzigen Vaters, der so viel Geduld hat."

Es gibt in unserer Kirche Kreise, denen es mehr um Gesetz und Lehre, also Gerechtigkeit und Wahrheit geht. Erbarmen betrachten sie als einen Verrat an diesen. Sie misstrauen deshalb Franziskus, weil er von der Kirche eine Rückkehr in die Spur des Erbarmens Jesu fordert; denn anders, so der Papst, könne die Kirche nicht glaubwürdig die Kirche Jesu sein. Jesus lebte das Erbarmen gerade mit jenen am Rand, den Kranken, Aussätzigen, Zöllnern, Sündern, Ehezerbrechern. Das trug ihm massive Kritik bei den Gesetzeshütern seiner Zeit ein. Ihnen erzählt er das Gleichnis vom Erbarmen des Vaters (Lk 15,11–32). Dabei hatte er den einen Sohn in ein umfrommes verlottertes Leben, den anderen aber in fromme Hartherzigkeit verloren. Den verkommenen Sohn konnte der Vater in die Arme nehmen. Konnte er auch den gesetzestreuen Sohn gewinnen? Jesus lässt dies offen.

Pastoral des Erbarmens

Wie sehr das Erbarmen das Wirken von Papst Franziskus prägt, zeigt seine „Regierungserklärung" „Evangelii gaudium". 40-mal kommt dort das Wort vom Erbarmen vor. Barmherzigkeit prägt auch das Ringen um eine Vertiefung der katholischen Ehe-, Familien- und Geschiedenenpastoral. Die entschlossene Treue zur Überlieferung soll mit dem Prinzip des Erbarmens verbunden werden. Während die Ideologen mehr auf die Strenge der Tradition setzen, versuchen die Hirten den Menschen gerecht zu werden, deren Ehe aus Schuld und Tragik unwiderruflich zu Ende gegangen war.

In den Diskussionen werden Gerechtigkeit und Barmherzigkeit manchmal gegeneinander ausgespielt. Aber könnte es nicht sein, dass die Gerechtigkeit auf die Spitze getrieben sich in Unrecht umformen kann, wie das schon die alten Weisen gelehrt haben, dass „summum ius summa iniuria" werden kann. Wäre es dann nicht die Aufgabe der Barmherzigkeit, die Gerechtigkeit davor zu schützen, in Unrecht zu kippen?

Fürsprecher einer solchen Pastoral des Erbarmens im Umfeld von Papst Franziskus ist Kardinal Walter Kasper. Er hat sich dazu in einer bewegenden Rede vor dem Kardinalskollegium geäußert.[2] Zuvor hatte er eine Monographie zur Barmherzigkeit als Schlüssel christlichen Lebens verfasst.[3]

Meine „Pastoral des Erbarmens", die nunmehr neu aufgelegt wird, ist bereits einige Jahre zuvor erschienen. Dass Papst Franziskus das Erbarmen so sehr in den Mittelpunkt seines Pontifikats gerückt hat, ist Grund genug, mein vergriffenes Buch neuerlich zugänglich zu machen. Möge es dem großen pastoralen Anliegen des Papstes Flankenschutz geben.[4]

Die Erstausgabe des Buches war 2006 unter Mitarbeit des Münchner Priesterfortbildners *Josef Brandner* verfasst worden. Dieser ist 2010 in München gestorben. Ich habe ihn in meiner Autobiografie „Mitgift" dankbar geehrt.[5]

Selig die Barmherzigen

Wir würden aber die Botschaft nur halb verstanden haben, würden wir bei der Dankbarkeit stehen bleiben, dass uns Gottes Erbarmen in aller Schuld und Tragik geschenkt wird. Jesus legt großen Wert darauf, dass wir nicht nur das Erbarmen des

Vaters annehmen, sondern selbst wie der Vater werden, Menschen des Erbarmens werden und die Werke der leiblichen (Mt 25) und geistigen Barmherzigkeit pflegen. Beides geht unlösbar miteinander einher. *„Selig die Barmherzigen, denn sie werden Erbarmen finden."* (Mt 5,7), so Jesus. Er unterstreicht das auch im Gleichnis von jenem Mann, dem von seinem Herrn unbegleichbare Schuld erlassen worden war, der aber gegenüber seinem eigenen Kleinschuldner unbarmherzig war: *„Ebenso wird mein himmlischer Vater jeden von euch behandeln, der seinem Bruder nicht von ganzem Herzen vergibt."* (Mt 18,35)

Paul M. Zulehner, Wien 2016

Einführung

Das Erbarmen – kann es den Sinn haben, unser Urteil aufzulösen? Oder hat es nicht eher den Sinn, dass das Erbarmen uns über das Urteil, ohne es aufzulösen, hinausführte zum zweiten Teil der Aufgabe: zum Handeln, und wie sollte ein Handeln, das nicht aus einem Urteil kommt, jemals eine wirkliche Hilfe sein? Hilfe bedeutet Veränderung im Sinne einer Erkenntnis; beides im Maße unseres Vermögens.

Max Frisch (1946)

Erbarmen und barmherzig, Mitleid und mitleiden bilden ein weites Wortfeld. Vielfältige Erfahrungen sammeln sich in ihm: Gefühle und Taten. In der langen Menschheitsgeschichte hatten diese Worte durchweg einen guten Klang. Besonders die großen Religionen setzten sich für sie ein und machen sich bis heute für sie stark. In jüngerer Zeit gab es aber Einspruch gegen sie.

Erbarmungslos

Mitleid galt ihm als lebensfeindlich. Kräfte, welche die Welt bejahen, würden gestört, der Wille zur Macht geschwächt, der Aufstieg des Übermenschen behindert. Die Schwachen und Elenden übten Macht aus, indem sie Gerechtigkeit, Gleichheit und Mitleid einforderten. Das wiederum schwäche die kraftvollen und dem Leben zugewandten Starken.

„Zu lange hat man ihnen Recht gegeben, diesen kleinen Leuten: So gab man ihnen endlich auch die Macht – nun lehren sie: ‚Gut ist nur, was kleine Leute gut heißen.‘

Und ‚Wahrheit' heißt heute, was der Prediger sprach, der selber aus ihnen herkam, jener wunderliche Heilige und Fürsprecher der kleinen Leute, welcher von sich zeugte ‚ich – bin die Wahrheit.'

Dieser Unbescheidne macht nun lange schon den kleinen Leuten den Kamm hochschwellen – er, der keinen kleinen Irrthum lehrte, als er lehrte ‚ich – bin die Wahrheit.'

Ward einem Unbescheidnen jemals höflicher geantwortet? – Du aber, oh Zarathustra, giengst an ihm vorüber und sprachst: ‚Nein! Nein! Drei Mal Nein!'

Du warntest vor seinem Irrthum, du warntest als der Erste vor dem Mitleiden – nicht Alle, nicht Keinen, sondern dich und deine Art.

Du schämst dich an der Scham des großen Leidenden; und wahrlich, wenn du sprichst ‚von dem Mitleiden her kommt eine große Wolke, habt Acht, ihr Menschen!'

– Wenn du lehrst ‚alle Schaffenden sind hart, alle große Liebe ist über ihrem Mitleiden': oh Zarathustra, wie gut dünkst du mich eingelernt auf Wetter-Zeichen!

Du selber aber – warne dich selber auch vor deinem Mitleiden! Denn Viele sind zu dir unterwegs, viele Leidende, Zweifelnde, Verzweifelnde, Ertrinkende, Frierende.

Ich warne dich auch vor mir. Du erriethest mein bestes, schlimmstes Räthsel, mich selber und was ich that. Ich kenne die Axt, die dich fällt.

Aber er – musste sterben: er sah mit Augen, welche Alles sahn, – er sah des Menschen Tiefen und Gründe, alle seine verhehlte Schmach und Hässlichkeit.

Sein Mitleiden kannte keine Scham: er kroch in meine schmutzigsten Winkel. Dieser Neugierigste, Über-Zudringliche, Über-Mitleidige musste sterben.

Er sah immer mich: an einem solchen Zeugen wollte ich Rache haben – oder selber nicht leben.

Der Gott, der Alles sah, auch den Menschen, dieser Gott musste sterben! Der Mensch erträgt es nicht, dass solch ein Zeuge lebt."[6]

Die Rede ist von Friedrich Nietzsche. Mit dem Christentum als Pastorensohn bestens vertraut, hat er dieses verworfen, ja wortstark verflucht[7], und eine *antichristliche* Position verfochten. Ihn störte Christi Mitleid.[8] Einen Gott des Erbarmens hielt er buchstäblich für *erbärmlich.* Daher ließ er ihn sterben. Nietzsche hasste das Mitleid mit den Schwachen und einen Gott, der solches Mitleid übte und verlangte. Mitleid war für ihn eine Sache von Untermenschen. Den Übermenschen hingegen leite mitleidsloser Wille zur Macht. Nietzsche, ein Prophet der Erbarmungslosigkeit? Und das zur Rettung der Größe des Menschen?[9]

Ein Wort aus alten Zeiten

Abel steh auf

Abel steh auf
es muss neu gespielt werden
täglich muss es neu gespielt werden
täglich muss die Antwort noch vor uns sein
die Antwort muss ja sein können
wenn du nicht aufstehst Abel
wie soll die Antwort
diese einzig wichtige Antwort
sich je verändern
wir können alle Kirchen schließen
und alle Gesetzbücher abschaffen
in allen Sprachen der Erde
wenn du nur aufstehst
und es rückgängig machst
die erste falsche Antwort
auf die einzige Frage
auf die es ankommt
steh auf
damit Kain sagt
damit er es sagen kann
Ich bin dein Hüter
Bruder
wie sollte ich nicht dein Hüter sein
Täglich steh auf
damit wir es vor uns haben
dies Ja ich bin hier
ich
dein Bruder
Damit die Kinder Abels

sich nicht mehr fürchten
weil Kain nicht Kain wird
Ich schreibe dies
ich ein Kind Abels
und fürchte mich täglich
vor der Antwort
die Luft in meiner Lunge wird weniger
wie ich auf die Antwort warte
Abel steh auf
damit es anders anfängt
zwischen uns allen
Die Feuer die brennen
das Feuer das brennt auf der Erde
soll das Feuer von Abel sein
Und am Schwanz der Raketen
sollen die Feuer von Abel sein

Hilde Domin

Nietzsche steht mit seinem Spott über das Erbarmen, gemessen an der langen Sprachgeschichte des Wortes, freilich ziemlich allein da. In so gut wie allen Sprachen hat das Wort eine positive Bedeutung. Meistens ist es eng an religiöse Erfahrungen gebunden, was in früheren Zeiten ein Wort aufwertete.

Die religiöse Geschichte unseres christlichen Kulturkreises ist stark vom Alten Testament geprägt. In der biblischen Sprachwelt stehen für Erbarmen in einem weiten Sinn zwei Wörter zur Verfügung, *hesed* und *rachamim*.

Hesed meint „Güte", dann auch „Huld" und „Freundlichkeit". Mit „Erbarmen" wird es nicht übersetzt, wohl aber mit „Liebe". Für *hesed* ist dreierlei prägend:

Liebe Leserin, lieber Leser,

vielen Dank, dass Sie dieses Buch gekauft haben. Gerne informieren wir Sie regelmäßig über unser Programm. Schicken Sie uns einfach die ausgefüllte Karte zurück oder senden Sie diese als Fax. Sie erhalten dann die neuesten Informationen zu unserem Programm per Post bzw. per E-Mail.

❍ Senden Sie mir bitte Ihren Neuheitenprospekt
  ❍ einmalig ❍ regelmäßig

❍ Informieren Sie mich bitte per E-Mail über Ihre Neuerscheinungen

Datum, Unterschrift

Bitte per Post senden oder als Fax: 0 28 32/929-139

Vorname, Name

Straße, Hausnummer

PLZ, Ort

E-Mail

Beruf

Porto
zahlt
Empfänger

Deutsche Post
ANTWORT

Topos Taschenbücher
Herrn Dr. Berthold Weckmann
Hoogeweg 100
47623 Kevelaer
Deutschland

Sie können uns helfen, Ihre Wünsche und Anregungen künftig noch besser zu berücksichtigen. Dazu beantworten Sie uns bitte folgende Fragen. Als kleines Dankeschön verlosen wir unter allen Einsendern viermal im Jahr ein Buchpaket mit 10 frei auswählbaren Büchern.

Diese Karte habe ich dem Buch entnommen:

____

Ich bin auf dieses Buch aufmerksam geworden durch:

❍ Prospekt __________

❍ Anzeige in __________

❍ Buchbesprechung in __________

❍ Empfehlung von Freunden/Bekannten/Kollegen

❍ Homepage des Verlags __________

❍ Internet allgemein __________

❍ Buchhandlung __________

❍ Ich habe das Buch geschenkt bekommen

Wie hat Ihnen das Buch gefallen?

❍ sehr gut ❍ gut ❍ mittelmäßig ❍ gar nicht

Mich interessieren aus dem Programm besonders:

❍ Topos Premium

❍ Geschenk

❍ Lebenswissen – Lebenssinn

❍ Spiritualität

❍ Sachbuch

❍ Biografien

❍ __________

Zu diesem Thema sollte Topos Taschenbücher ein Buch in sein Programm aufnehmen:

____

Weitere Anmerkungen:

- Die *Tat*, die aus der Gesinnung erfließt. Sie ist lebenserhaltend und lebensfördernd, ein Freundschafts- und Pietätserweis.
- Die *Gemeinschaft*: *Hesed* geschieht im Bereich der Beziehungen – sei es zwischen den Menschen, sei es zwischen Gott und den Menschen. Zunächst geht es um die Familien- und Sippengemeinschaft als Ursprungsort, dann auch um andere Gemeinschaften. *Hesed* umschreibt das gemeinschaftsgemäße Verhalten, hat aber keine rechtlichen Grundlagen. Der profane Gebrauch wird vom religiösen übernommen – nur ist bei Gott das ganze Volk der Empfänger der *hesed*. Weil *hesed* auf Gegenseitigkeit hin angelegt ist, gibt es auch einen Bezug zu *rachamim* „Erbarmen" einerseits (da ist der Grund der Güte allein in großherziger Bereitschaft für den anderen) und zu *berit* „Bund" andererseits.
- *Dauer* und Verlässlichkeit.

Während *hesed* die grundsätzliche Güte ist, meint *rachamim* das besondere Sich-Zuwenden angesichts einer Not oder Schuld. Der profane Gebrauch von *rachamim* ist sehr begrenzt.[10] *Rachamim* gehört zu den Wesensbeschreibungen Gottes. Mit Blick auf Gott werden, wie in der „Gnadenformel" des Volkes Israels, beide Wörter miteinander verwoben:

Der Herr ist barmherzig (rachamim) und gnädig, langmütig und reich an Güte (hesed) (Ex 34,6)[11].

Das lateinische Wort für Erbarmen ist *misericordia*. Es setzt sich zusammen aus *cor* und *miser*: Der *misericors* hat also buchstäblich ein „Herz für die Armen". Augustinus: „Barmherzigkeit ist, wenn einem im Herzen elend ist wegen des Elends eines anderen, wobei einen diese Empfindung antreibt, dem Elend des Nächsten, wenn irgend möglich, abzuhelfen."[12] Von daher erklärt sich auch das deutsche Wort „Erbarmen": Ausdrücklich verweist es auf die Armen. Es kommt mit der Verkündigung des Christentums als Lehnwort in unsere deutsche Sprache.[13]

Im Russischen hat sich Daniil Granin mit der *miloserdie* intensiv auseinandergesetzt. Das Wort sei im Kommunismus 1917 aus dem Sprachlexikon ausgemerzt und danach vergessen worden. Das System habe sich als erbarmungslos erwiesen – wie alle totalitären Systeme?[14]

Das Antiquierte ist avantgardistisch

Worauf soll man also heute setzen: auf die alten (religiösen) Traditionen oder auf den modernen (antichristlichen) Nietzsche?

Ich werde in diesem spirituellen Buch eine Lanze für das Erbarmen brechen: in der Welt, in der Kirche. Denn ich bin davon überzeugt, dass nichts avantgardistischer ist als das Antiquierte: also das Alte, das Unverbrauchte. Dabei kann durchaus von Nietzsche gelernt werden. Denn er attackiert eine Form des Mitleids, die eine Karikatur jenes Erbarmens ist, welches die jüdisch-christliche Tradition meint. Wahres Erbarmen macht den anderen nicht klein, sondern begegnet ihm in seiner Würde. Es verurteilt ihn nicht zu demütigender Passivität, sondern macht ihn zu einem Partner in einem wechselseitigen Geschehen.

Der Weg zu solchem wahren Erbarmen ist ein spiritueller. Ich werde ihn in einigen Etappen beschreiten.

- Zunächst schaue ich mit offenen Augen auf unsere moderne Welt. Ohne zu leugnen, dass es in ihr viel aufrichtendes Erbarmen gibt, werden unverstellt Erbarmungslosigkeiten in unserem modernen Leben sichtbar werden.
- Sodann gehe ich mit Ihnen in die „Schule" der jüdisch-christlichen Tradition. Es gilt, vor allem in der Schule Jesu, Erbarmen als ein Grundmerkmal des christlichen Gottesbildes zu erahnen.
- Der Blick wendet sich von da weg auf unser eigenes Leben, auf unsere Person: Wie kann eine Lebenskultur aussehen, die von göttlichem Erbarmen geformt ist?
- Schließlich stellt sich die Frage nach einer Pastoral des Erbarmens. Die christlichen Kirchen haben in der Nachfolge Jesu die Aufgabe, Gott (in großer Gemeinsamkeit mit den Religionen der Welt) als den „Allerbarmer" in Erinnerung zu halten oder zu bringen – eine Aufgabe, bei der die Christenheit schon oft genug versagt hat, weil sie hin und wieder, statt Erbarmen zu üben, erbarmungslos wurde.

Welt ohne Erbarmen

Das verlassene Mädchen

Das verlassne Mädchen hört ich sagen:
Bürsten will ich mein Haar, dass es nicht stumpf wird.
Baden will ich meine Augen in einem Aufguss
von Salbei und wilder Kamille. Ich will nicht erfahren
die Scham meines Vaters und die Sorge meiner Mutter.
Erbarmen ist eine ekle Speise von Würmern.
Gebt sie den Toten. Ich esse sie nicht.

Marie Luise Kaschnitz

Menschen, vor allem gedemütigte, haben einen Hang, erbarmungslos zu sein: anderen wie sich selbst gegenüber. Wenn ich hier Menschen sage, dann meine ich zuallererst einzelne. Aber auch im Verbund, im gesellschaftlichen Miteinander können Menschen erbarmungslos sein und handeln. Sollte es gar eine „Kultur", genauer eine „Unkultur der Erbarmungslosigkeit" geben? Eine „Welt ohne Erbarmen"?

Zum Denkweg

Theologische Schwarzweißmalerei?

Um einem Missverständnis zuvorzukommen: Ich gehöre nicht zu jenen theologischen Schwarzweißmalern, die in der Welt nur das Böse und in der Kirche nur das Gute sehen. Diese Geisteshaltung ist zwar unter Mitgliedern der Kirche weit verbreitet. Häufig wird sie den leider so genannten „Fundamentalisten" zugerechnet – leider, weil ich selbst auch einer bin, insofern ich nicht ohne Grund, ohne Fundament leben will, das mir mein Glaube an den unbegreiflichen Gott ist.

Aber es gibt eben Personen in der Kirche, die, wenn sie aus den zumeist dichtgemachten Luken des Kirchenschiffs hinausschauen, nur Dunkel und Sturm sehen. Die Ursache dieser Dunkelheit meinen sie in der Gottlosigkeit der Welt zu erkennen. Damit ist auch schon klar, worum es ihnen geht: Sie wollen die böse gottlose Welt retten, indem sie ihr den guten Gott bringen. Insgeheim gehen sie davon aus, dass die Welt so werden sollte, wie sie die Kirche sehen: gut und gottvoll.

Böses in der Kirche

Aber ist die Kirche wirklich nur gut und gottvoll? Die letzten Päpste haben sich nicht gescheut, sich für die bösen Taten der Kirche, oder wie sie es gern – die heilige Kirche schützend – formulieren, für die bösen Taten von Angehörigen der Kirche entschuldigt. Papst Johannes Paul II. hat am Beginn des neuen Jahrtausends „im Dienst der Wahrheit" eine umfassende Vergebungsbitte gesprochen – und nicht wenige „fundamentalistisch" Denkende in der Kirche haben ihm heftig widersprochen. Die Liste der Verfehlungen ist lang und macht sehr betroffen.[15]

Niemand also kann sich auf einen Papst berufen, wenn er die Welt für schlechthin böse und die Kirche für schlechthin gut hält. Auch Benedikt XVI. hat in seiner Ansprache auf dem Weltjugendtag in Köln im Jahr 2005 darauf hingewiesen, dass die Kirche nicht ohne Fehler ist:

„An der Kirche kann man sehr viel Kritik üben. Wir wissen es, und der Herr hat es uns gesagt: Sie ist ein Netz mit guten und schlechten Fischen, ein Acker mit Weizen und Unkraut. Papst Johannes Paul II., der uns in den vielen Seligen und Heiligen das wahre Gesicht der Kirche gezeigt hat, hat auch um Verzeihung gebeten für das, was durch das Handeln und Reden von Menschen der Kirche an Bösem in der Geschichte geschehen ist. So hält er auch uns selber den Spiegel vor und ruft uns auf, mit all unseren Fehlern und Schwächen in die Prozession der Heiligen einzutreten, die mit den Weisen aus dem Orient begonnen hat. Im Grund ist es doch tröstlich, dass es Unkraut in der Kirche gibt: In all unseren Fehlern dürfen wir hoffen, doch noch in der Nachfolge Jesu zu sein, der gerade die Sünder berufen hat."[16]

Gutes in der Welt

Nun wird niemand ernstlich bestreiten, dass es in der Welt viel Böses gibt: das, was Gottes Absichten zuwiderläuft und Menschen klein macht. Die Propheten des Alten Bundes haben dagegen anklagend angeredet.

Doch lässt die christliche Tradition keinen Zweifel daran, dass es in der Welt, auch in unserer modernen, neben dem Bösen auch Wahres und Gutes gibt.

Das Zweite Vatikanische Konzil hat sich in dieser Frage deutlich geäußert. Am Beispiel eines Atheisten, der (vielleicht ohne sein Zutun) Gott gar nicht kennen lernen konnte, der ihn vielleicht ablehnt, weil Gott von den Christen falsch verkündigt und durch Untaten statt in Kredit in Misskredit gebracht wurde, betont die dogmatische Konstitution über die Kirche:

„Wer nämlich das Evangelium Christi und seine Kirche ohne Schuld nicht kennt, Gott aber aus ehrlichem Herzen sucht, seinen im Anruf des Gewissens erkannten Willen unter dem Einfluss der Gnade in der Tat zu erfüllen trachtet, kann das ewige Heil erlangen. Die göttliche Vorsehung verweigert auch denen das zum Heil Notwendige nicht, die ohne Schuld noch nicht zur ausdrücklichen Anerkennung Gottes gekommen sind, jedoch, nicht ohne die göttliche Gnade, ein rechtes Leben zu führen sich bemühen. Was sich nämlich an Gutem und Wahrem bei ihnen findet, wird von der Kirche als Vorbereitung für die Frohbotschaft und als Gabe dessen geschätzt, der jeden Menschen erleuchtet, damit er schließlich das Leben habe."[17]

Gott ist also in der Geschichte der Welt durch seinen Geist am Werk: mit uns, ohne uns, manchmal auch gegen uns, seine Kirche. Es ist Gottes Geist, der das Angesicht der Erde erneuert, und dieser Geist weht – wie der Wind –, wo er will (Joh 3,8). Daher betet die Kirche zu Pfingsten:

Sende aus deinen Geist,
und das Gesicht der Erde wird neu.[18]

Wer also nur Dunkles in der Welt sieht, übersieht entweder das Gute, das Gottes Geist bewirkt, oder er traut Gott (ohne uns) nicht viel zu. Wer hingegen mit den Augen des Glaubens auf die Welt, auch die moderne, blickt, wird böses Unkraut *und* guten Weizen sehen und nicht in der Lage sein, beides fein säuberlich so voneinander zu trennen, dass Unkraut ausgemerzt werden kann (vgl. Mt 13,24–30).

Einige Jahre hatte ich die ehrenvolle Aufgabe, für den jeweiligen Vorsitzenden des Rates der Europäischen Bischofskonferenzen theologische Beratungsdienste zu leisten. So gelangte ich in die theologische Schule des großen Kardinals Carlo M. Martini. Er ließ keinen Textentwurf, in dem es um die moderne Welt ging, durchgehen, wenn neben den prophetischen Anklagen nicht auch wertschätzend die Stärken der modernen Welt, in der Medizin, in der Wirtschaft – auch in der globalisierten –, benannt wurden. Ihm ist auch die Formulierung zu verdanken, dass Evangelisierung im Zuge einer solchen gerechten Theologie der modernen Welt nur heißen könne, *„dass die Kirche lernt und lehrt“*. Denn nicht selten war die moderne Welt in der Entwicklung des Guten schneller als die manchmal nachhinkende Kirche. Dabei muss nicht geleugnet werden, dass auch im Bildungsbereich, in der Sorge um die Kranken, die Schwachen, nicht zuletzt auch in der Wissenschaft kirchliche Kräfte die Vorhut von Fortschritt und Entwicklung gebildet haben und auch heute noch (etwa in der Hospizbewegung) bilden.

Wenn wir im Folgenden auf eine dunkle Seite der modernen Welt schauen, dann kann das vor dem Hintergrund des bisher Bedachten nicht bedeuten, dass die ganze Welt dunkel ist und es kein Licht in der Welt gibt. Vielmehr: Das tatsächlich vorhandene Dunkel lässt sich erst dann wirklich „sehen“, wenn es eben auch das Licht gibt. Niemand wüsste um Leben, wäre ihm der Tod fremd. Und die Liebe erkennt am ehesten, wer unter Hass leidet. Das Dunkle und das Helle, das Böse und das Gute sind wie zwei Seiten ein und derselben Medaille.

Welt ohne Erbarmen: Mit dieser Aussage wird *ein* markanter Zug der heutigen Welt hervorgehoben. Nicht die ganze Welt wird als erbarmungslos eingeschätzt. Dennoch ist eine vielgesichtige Erbarmungslosigkeit eines der Hauptmerkmale moderner Lebenswelt. Dieser Erbarmungslosigkeit in unserer heutigen Welt gehe ich nach, wohl wissend, dass ich um diese nicht wüsste, wenn ich nicht auch eine Ahnung vom Erbarmen hätte: aus konkreten Erfahrungen oder zumindest im Modus tiefen Verlangens nach Erbarmen.

Erbarmen wie Erbarmungslosigkeit sind zuallererst an konkrete handelnde Personen gebunden. Dieses Handeln kann über Wiederholung zu Handlungsmustern führen und zu einer Haltung dahinter werden. Haltungen wiederum können sich zu gesellschaftlichen Strukturen, zu kulturellen Grundstimmungen verdichten, die sich von einer zur nächsten Generation gleichsam „vererben". Dann entsteht so etwas wie eine „strukturelle Erbarmungslosigkeit" oder aber eine „(Un-)Kultur des Erbarmens". Beide gesellschaftlichen Phänomene können wiederum auf das Tun der einzelnen Personen zurückwirken. Sie sind dann wie die Luft, die wir atmen und die uns formt oder eben auch verformt. Vielleicht lässt sich eine erbarmungslose Kultur als Moment an der *von den Vätern* [und manchmal noch mehr von den Müttern] *ererbten sinnlosen Lebensweise (1 Petr 1,18)* verstehen, also an dem, was die Theologie so schwer verständlich „Erbschuld" nennt. Umgekehrt ließe sich eine Kultur des Erbarmens als eine Art „Erbheil" erleben.

So wird im Folgenden eine kleine Kulturdiagnose vorgelegt. Sie erhebt nicht den Anspruch auf Vollständigkeit. Vielmehr sollen Erbarmungslosigkeiten im modernen Leben aufgedeckt werden.

Ich orientiere mich dabei an den drei großen Dimensionen moderner europäischer Kultur: Freiheit, Gerechtigkeit und Wahrheit. Diese drei Dimensionen sind wertvolle Kulturgüter.

Aber in der Art, wie sie heute konkret gelebt werden, haben sie eine – oftmals verborgene und deshalb übersehene – erbarmungslose Schattenseite. Diese gilt es aufzudecken. Dabei wird uns selbst ein Spiegel vorgehalten werden.

Erbarmungsloses Freiheitsrisiko

Freiheit zählt in modernen Kulturen zum Grundanspruch. Europas jüngere Geschichte ist eine Abfolge erfolgreicher Freiheitsrevolutionen: von 1789 bis 1989, von der blutigen französischen zur unblutigen „samtenen" Revolution, deren unverdiente Zeitzeugen viele von uns geworden sind. Freiheitsrechte gelten in modernen Demokratien als verbrieft: Religionsfreiheit, Meinungsfreiheit, Pressefreiheit, die Freiheit, sich anzusiedeln und Arbeit anzunehmen, wo man will. Wir rühmen uns heute in Europa, in einem langen historischen Ringen zu einem Kontinent der Freiheit geworden zu sein.

Umso mehr überrascht es, dass inmitten gesellschaftlich verbriefter Freiheiten immer mehr Menschen anfangen, die ihnen lästige Last der Freiheit wieder loszuwerden. Sie sind bereit, ihre Freiheit und mit ihr auch ihre Verantwortung an andere abzugeben – in der Politik ebenso wie in den Religionsgemeinschaften. Hier profitieren die „Populisten", dort die „Fundamentalisten".

Man kann diese Freiheitsflucht inmitten von Freiheitskulturen verstehen, wenn man die erbarmungslosen Züge moderner Freiheit in Betracht zieht. Es spielen zusammen: wachsende Unübersichtlichkeit (Jürgen Habermas), zunehmende Unbezogenheit (Jürg Willi), erhöhtes Risiko, das in moderner

Freiheit enthalten ist (Ulrich Beck), und das bei zugleich abnehmender Daseinskompetenz.

- *Wachsende Unübersichtlichkeit:* Jürgen Habermas[19] hat darauf hingewiesen, dass modernes Leben für viele Bürgerinnen und Bürger immer unübersichtlicher wird. Wer kann heute schon vorhersagen, ob er morgen noch Arbeit haben wird? Wer kann wissen, ob sie in einer befriedeten Beziehung lebt? Wer weiß, wie sich das Klima entwickelt, ob wir noch trinkbares Wasser, atembare Luft, nicht kontaminierte Erde, unbedenklich genießbare Lebensmittel haben werden? Die Herausforderungen modernen Lebens nehmen also zu.
- Mit den Herausforderungen muss heute und noch mehr morgen jede und jeder Einzelne allein fertig werden. Dies hat mit dem Individualisierungskonzept moderner Kulturen zu tun. Der Einzelne ist in seinem Leben immer mehr auf sich allein gestellt. Moderne Individualisierung entnetzt die Menschen. Selbstverwirklichung, ein erkämpftes soziales Gut moderner Kulturen, hat dem Menschen zwar große Vorteile, individuelle Entwicklungschancen und produktive Unabhängigkeiten gebracht. Aber sie geschieht immer öfter, so Jürg Willi[20], *unbezogen*. Der Preis dafür ist hoch.
- Die Risiken, welche die moderne Freiheit für den Menschen bereithält, muss dieser nun allein tragen. Freiheiten sind nicht nur ein erstrebenswertes Gut, sondern werden immer „*riskanter*" (Ulrich Beck[21]). Immer mehr Menschen erleben sich überfordert. Die entlastende Kraft von Institutionen ist seit den Achtundsechzigern geschwunden: Institutionen wurden wie Normen und Autoritäten im Kampf gegen Repressionen geschwächt. Also scheitern immer mehr mit ihren Lebensplänen: in der Arbeit und in der Liebe.

- Solches Scheitern wird noch dadurch begünstigt, dass die *Daseinskompetenz* vieler Menschen mit den Herausforderungen nicht zu-, sondern eher abnimmt. Das hat mit den Schwächen unseres familialen und schulischen Systems zu tun.[22] Es fehlt in der Formung der nachwachsenden Generation an Vätern und Autoritäten, welche Lebenskompetenz dadurch fördern, dass sie sich mit den Kindern nachhaltig in flexibler Unnachgiebigkeit ringend auseinandersetzen. Eine Kultur der „Überverwöhnung" bringt kaum ausreichend daseinskompetente Menschen hervor – schon gar nicht angesichts der wachsenden modernen Anforderungen und der prognostizierten Entwicklungen.

So erweist sich die moderne Freiheitskultur zwar als ein enormer historischer Gewinn, in der konkreten Ausgestaltung zeigt sie aber zugleich erbarmungslose Schwächen. Dies wird daran erkennbar, dass heute immer weniger Menschen an Repression, aber immer mehr an Depression leiden.

Zudem ist eine Freiheitskultur, in der die Freiheitskunst der Menschen nicht ausgereift ist, anfällig für geheime Verführungen und totalitäre Tendenzen: in der Wissenschaft, in der Wirtschaft, in der Verwaltung, in der Mode. In seinem Schreiben über das Erbarmen aus dem Jahre 1980 diagnostizierte Papst Johannes Paul II. eine innere Unruhe, eine existentielle Angst im modernen Menschen. Diese entspringe nicht nur dem Wissen um die atomar mögliche Selbstzerstörung der Menschheit; „sie erwächst auch aus vielen anderen Folgen einer materialistischen Zivilisation, welche – trotz ‚humanistischer' Erklärungen – dem Vorrang der Sachen über die Person huldigt. Der zeitgenössische Mensch fürchtet also, dass durch die von dieser Zivilisation erfundenen Mittel die Einzelpersonen und auch die verschiedenen Lebensbereiche, die Gemeinschaften, die Gesellschaften und die Nationen Opfer der Willkür anderer Einzelpersonen, Lebensbereiche und Gesellschaften werden könnten. Die Geschichte unseres Jahrhunderts bietet dafür Beispiele zur Genüge. Trotz aller Erklärungen über die Rechte des Menschen in seiner Ganzheit, das heißt in seiner leiblichen und geistigen Existenz, können wir nicht sagen, dass diese Beispiele nur der Vergangenheit angehören."[23]

Erbarmungslose Ungerechtigkeiten

Eine der herausragenden Stärken Europas ist der Sozialstaat. Er federt in verbriefter Solidarität die großen Lebensrisiken des einzelnen Menschen ab: Alter, Krankheit, Arbeitslosigkeit. Entstanden ist er aus dem Versuch, moderner Freiheit Gerechtigkeit abzuringen (Jean B. Lacordaire, 1802-1865). Die Ausweitung der Freiheiten für die starken Fabrikherren brachte dem Industrieproletariat von damals keine Gerechtigkeit. Im Gegenteil: Die Erfindung der Dampfmaschine und mit ihr die Industrialisierung veränderten das soziale Gefüge der damaligen Gesellschaft tiefgreifend. Das führt zu jenen Missständen, die im Begriff „Soziale Frage" gebündelt worden sind. Ein jahrzehntelanges Ringen, mit blutigen Revolutionen und Kriegen, brachte Europa dazu, Freiheit und Gerechtigkeit in eine für viele akzeptable Balance zu bringen.

Diese Errungenschaft ist heute erneut in Gefahr. Wiederum ist es eine technische Erfindung, welche einen neuerlichen, diesmal weltweiten Umbau der Gesellschaft verursachte, nämlich die Erfindung der Mikrochips und damit die Informatisierung.

Dazu kommt der Fall des Eisernen Vorhangs. Dem Siegeszug (neo)liberaler Entwürfe für Wirtschaft und Gesellschaft stand nach dem Ende des Kommunismus in Osteuropa weltweit nichts im Wege. Für die Finanzmärkte und die multinationalen Konzerne wurden die Freiheitsgrade global ausgeweitet. Das hatte und hat bis heute zur Folge, dass es lokal kaum ein Land in Europa gibt, dessen Sozialstaat nicht in eine tiefe (Finanzierungs-)Krise geraten ist. Eine neue „Soziale Frage" zeichnet sich ab, mit einem hohen Niveau an Arbeitslosigkeit und einer starken Verunsicherung der Menschen, was ihre Zukunft und Sicherheit betrifft. Auch der Sozialstaat ist in der herkömmlichen Form trotz des privaten Reichtums der Bürgerinnen und Bürger wegen der Verarmung der Gemeinwesen nicht mehr zu finanzieren. Zwar gibt es nach wie vor viele, die von dieser Entwicklung profitieren. Zugleich wächst aber die Zahl der Modernisierungsverlierenden[24], unter den Frauen mehr als unter den Männern. Die nachwachsende Generation ist tief verunsichert.

Diese Verunsicherung bezieht sich aber nicht nur auf die Arbeit. Viele auch in reichen Gesellschaften sind besorgt, dass sie überflüssig werden und die Gemeinschaft ihnen die Sorge entzieht – sie also buchstäblich „ent-sorgt".[25] Das betrifft jene Personengruppen, welche nicht unter die Topkriterien moderner Gesellschaft fallen: die also nicht arbeiten, nicht kaufen, nicht erleben, nicht genug wissen, die falschen Gene haben. Dazu gehören die Menschen mit Behinderung, die Langzeiterwerbslosen, die Pflegebedürftigen, die Sterbenden, die Kinder, die immer mehr das angestrengte Alltagsleben von Erwachsenen stören. Die Gesellschaft teilt sich in Gewinnende und Verlierende.

Der finanziell verarmende Staat zieht sich immer mehr aus seiner Verantwortung gegenüber den sozial schwachen Verlierenden zurück. Risiken werden privatisiert. Die Gesunden und Reichen kommen damit durchaus zurecht. Nicht aber die Schwächeren. Damit erhalten moderne Gesellschaften einen neodarwinistischen Grundzug. Die Überlebenschancen der Starken sind höher als jene der Schwachen.

Selbst reiche Gesellschaften werden also von einem wachsenden Teil der Bevölkerung als immer erbarmungsloser wahrgenommen. Noch mehr gilt dies für die nicht-reichen Gesellschaften der eins werdenden Welt. Im Zuge der Globalisierung entwickeln sich zwar in bislang armen Weltregionen Reichtumsoasen. Aber insgesamt tut sich die Schere zwischen dem reichen Norden und dem armen Süden immer mehr auf. Bemühungen um eine gerechtere Welthandelsordnung kommen nicht voran. Das wird der Welt in den kommenden Jahren einen massiven Migrationsdruck mit neuer Qualität bringen: indem neben den Familienvätern immer mehr Frauen und Kinder aus Hoffnungslosigkeit, aus politischen Gründen oder auch wegen Umweltschäden ihr Land verlassen, oft unter alleinigem Gewinn ausbeuterischer Schlepperbanden. Die moderne Welt ist trotz allen Fortschritts immer noch, ja zunehmend erbarmungslos gegenüber dem Großteil der Menschheit. So klagte Johannes Paul II. im Jahr 1985, „dass es neben den Menschen und Gesellschaftsgruppen, die in Wohlstand, Sattheit und Überfluss leben und sich dem Konsumismus und der Genusssucht unterworfen haben, in der gleichen Menschheitsfamilie nicht an Einzelnen noch an Gesellschaftsgruppen fehlt, die Hunger leiden. Es gibt Kinder, die vor den Augen ihrer Mütter den Hungertod sterben. Es gibt in verschiedenen Teilen der

Welt, in verschiedenen sozio-ökonomischen Systemen ganze Zonen des Elends, der Not und der Unterentwicklung. Diese Tatsachen sind allgemein bekannt. Der Zustand der Ungleichheit unter Menschen und Völkern dauert nicht nur an, er nimmt zu. Noch immer finden wir neben begüterten Menschen, die im Überfluss leben, andere, bedürftige, die unter dem Elend leiden und oft sogar an Hunger sterben; ihre Zahl beläuft sich auf Dutzende, ja auf Hunderte von Millionen. Deshalb wird sich die moralische Unruhe zusehends vertiefen. Es ist unleugbar, dass die heutige Wirtschaftsordnung und die materialistische Zivilisation auf Grundlagen aufgebaut sind, die eine fundamentale Unzulänglichkeit oder vielmehr einen ganzen Komplex von Unzulänglichkeiten, ja einen unzulänglich funktionierenden Mechanismus aufweisen; eine solche Wirtschaftsordnung und Zivilisation machen es der menschlichen Gesellschaft unmöglich, über so radikal ungerechte Situationen hinauszuwachsen."[26]

Erbarmungslose Diesseitigkeit

Moderne Erbarmungslosigkeit kennt eine weitere Variation. Diese entspringt sowohl der Tiefe der Personen als auch einem Grundzug der Kultur. Es ist die starke Diesseitsorientierung sowohl der Menschen wie vieler Kulturen, insbesondere in Europa. Diese hat historische Wurzeln. Vor allem der Marxismus warf im 19. Jahrhundert dem Christentum vor, es vertröste die Menschen auf das Jenseits. Dazu verabreiche es den Unterdrückten und Ausgebeuteten im neu entstandenen Industrieproletariat opiate Religion. Es stelle die Benachteiligten ruhig und hindere sie, entschlossen das eigene Schicksal in die Hand zu nehmen und revolutionär zu verändern.

Mag sein, dass Karl Marx mit seiner Kritik ein gutes Stück Recht hat. Dort, wo er heranwachsend das Christentum kennen lernte – in Trier und seiner Umgebung –, war dieses pietistisch geprägt. Mit heutigen Worten: Es war spirituell auf die andere Welt Gottes gerichtet und verlor damit politisch die hiesige Welt aus den Augen. Schon anders erlebte Marx das Christentum am Rhein. Dort müsse man, so schrieb er 1869 an seinen Freund und Mitstreiter Engels, gegen die „Pfaffen" losgehen. Denn diese kokettierten unentwegt mit der Arbeiterfrage.[27]

Heute erhalten die christlichen Kirchen mit ihren sozialen Lehren den Vorwurf der Vertröstung auf das Jenseits nicht mehr. Auch die Theologien und die Praxis der Befreiung dienen den Armen der Welt und der Veränderung jener schlechten Verhältnisse, die Johannes Paul II. „strukturelle Sünde" nannte.

Einfühlsame Kulturdiagnosen in modernen Ländern beobachten hingegen heute eine ganz andere Vertröstung: jene auf das Diesseits. Und diese erweist sich nicht nur als vernünftig, sondern zunehmend als erbarmungslos. Sie ist Teil jener Lebensart, die Marianne Gronemeyer als „Leben als letzte Gelegenheit"[28] bezeichnete. Geprägt wird dieser Lebensstil einerseits dadurch, dass wir nach optimal leidfreiem Glück aus sind: und das in der Liebe, in der Arbeit, im Amüsement. Andererseits haben wir dafür, so unsere gar nicht sonderlich überdachte Grundvoraussetzung, nicht mehr als achtzig bis hundert Lebensjahre zur Verfügung. Das führt zur einfachen Lebensmaxime, das die Jugendkultur so auf den Begriff brachte: „Wir wollen alles, und zwar subito" – maximales Glück in minimaler Zeit. Oder in der Sprache der Religion: „Wir wollen den Himmel auf Erden."

Solches Leben erhält eine eigene Prägung. Es wird immer schneller, weil für das große Glück die neunzig Jahre eine relativ kurze Zeit sind. Es wird anstrengend, anfordernd, ja überfordernd. „Wir arbeiten uns noch zu Tode"[29], „wir amüsieren uns zu Tode"[30]. Und auch die Liebe stirbt immer mehr an wechselseitiger Überforderung[31], weil wir der/dem anderen stets mehr abverlangen, als er, als sie sein und geben kann.

Nicht wenige erleben solch eine Lebensart als unerträglich, ja als erbarmungslos. Sie fühlen, dass „etwas nicht stimmt". Oft meinen sie, es sei „zum Davonlaufen". Und nicht wenige machen das auch in oft unerkannter Weise: Sie trinken, nehmen Drogen, flüchten stundenlang an ihren langweiligen Abenden ins schöne gespielte Leben, sie werden psychosomatisch krank, ziehen sich in sektoide Sonderwelten zurück, verlassen – sich selbst tötend – diese unerträgliche Welt. Das Escape (dieses Wort steht im Englischen für davonlaufen) ist eine Folge schleichender Erbarmungslosigkeit modernen Lebens. Wer es gut hat im Leben, läuft aus diesem nicht weg. Der Preis für die Vertröstung auf das Diesseits scheint also noch unbarmherziger zu sein als jener für die Vertröstung auf das Jenseits.

Vielleicht hätte Matthäus auch heute, mit Jesus auf diese erbarmungslose Welt blickend, berichtet: *Als er die vielen Menschen sah, hatte er Mitleid mit ihnen; denn sie waren müde und erschöpft wie Schafe, die keinen Hirten haben* (Mt 9,36).

Gott des Erbarmens

Jesu Gott

Nichts war Jesus von Nazaret wichtiger, als von seinem Gott zu reden. Dabei ging es ihm weniger darum, wie Gott in sich ist, sondern wie er zu uns ist. Gottes Reich soll in der Welt sich ausbreiten. Der Apostel Paulus wird eine solche von Gottes Herrschaft geformte Welt durch *Gerechtigkeit, Friede und Freude im Heiligen Geist* charakterisieren (Röm 14,17). So werde sich die Schöpfung schrittweise ihrer Vollendung annähern. All dies macht Jesus fest am Erbarmen Gottes, das dieser zu seinem Volk und zur ganzen Menschheit hat.

In verdichteter Weise wird Gottes Erbarmen im großen davidischen Psalm 103 gepriesen:

Segne meine Seele, JHWH,
und alles in mir seinen heiligen Namen.

Segne meine Seele, JHWH,
und vergiß nicht alle seine Taten:

Er ist es, der vergibt all deine Schuld,
er ist es, der heilt all deine Gebrechen,
er ist es, der auslöst aus der Grube dein Leben,
er ist es, der dich krönt mit Güte und Erbarmen,
er ist es, der dich sättigt mit Gutem, solange du bist,
dass sich erneuert wie beim Adler deine Jugend.

Heilstaten tut JHWH
und Recht allen Unterdrückten.

Er ließ erkennen seine Wege den Mose,
die Kinder Israels seine Werke:

Barmherzig und gnädig ist JHWH,
langmütig und voller Güte.

Nicht auf immer streitet er,
nicht auf ewig zürnt er,
nicht gemäß unseren Sünden wirkt er an uns
und nicht gemäß unseren Schuldverstrickungen tut er an uns.

Denn so hoch der Himmel über der Erde ist,
war stark seine Güte über denen, die ihn fürchten.
So weit der (Sonnen-)Aufgang entfernt ist vom Untergang,
entfernte er von uns unsere Verbrechen.
So wie sich erbarmt ein Vater über Kinder,
erbarmte sich JHWH über alle, die ihn fürchten. (Ps 103,1–13)
Übersetzung Erich Zenger

Auf dem „Humus“ dieser alttestamentlichen Tradition vermittelt Jesus sein „Bild“ vom Gott des Erbarmens. Er macht dies in Worten und Taten. Noch mehr: Er macht in seiner Person dieses Gottesbild anschaulich. Vor allem in dem, was er just am Sabbat tut, deckt er Gottes Handeln provokant auf. Am heiligsten Tag, durch unzählige Regelungen unter Androhung der Todesstrafe geschützt (Ex 31,16), am Tag, an dem der Mensch ganz ungeteilt für Gott da sein soll, macht er klar, dass es im

Konfliktfall genau umgekehrt ist: Gott ist für den Menschen da, um sich seiner zu erbarmen – genauer, sich gerade der Bedrängten, der Kranken, der Ausgesetzten, der Sünderinnen und Sünder zu erbarmen. Just am Sabbat heilt daher Jesus und zieht sich damit letztlich den Tod zu:

Darauf verließ er sie und ging in ihre Synagoge. Dort saß ein Mann, dessen Hand verdorrt war. Sie fragten ihn: Ist es am Sabbat erlaubt zu heilen? Sie suchten nämlich einen Grund zur Anklage gegen ihn. Er antwortete: Wer von euch wird, wenn ihm am Sabbat sein Schaf in eine Grube fällt, es nicht sofort wieder herausziehen? Und wie viel mehr ist ein Mensch wert als ein Schaf! Darum ist es am Sabbat erlaubt, Gutes zu tun. Dann sagte er zu dem Mann: Streck deine Hand aus! Er streckte sie aus, und die Hand war wieder ebenso gesund wie die andere. Die Pharisäer aber gingen hinaus und fassten den Beschluss, Jesus umzubringen. (Mt 12,9–14)

Als Jesus weiterging, sah er einen Mann namens Matthäus am Zoll sitzen und sagte zu ihm: Folge mir nach! Da stand Matthäus auf und folgte ihm. Und als Jesus in seinem Haus beim Essen war, kamen viele Zöllner und Sünder und aßen zusammen mit ihm und seinen Jüngern. Als die Pharisäer das sahen, sagten sie zu seinen Jüngern: Wie kann euer Meister zusammen mit Zöllnern und Sündern essen? Er hörte es und sagte: Nicht die Gesunden brauchen den Arzt, sondern die Kranken. Darum lernt, was es heißt: Barmherzigkeit will ich, nicht Opfer (Hos 6,6). *Denn ich bin gekommen, um die Sünder zu rufen, nicht die Gerechten.* (Mt 9,9–13)

Seine Gotteslehre verdichtet Jesus in Erzählungen, Gleichnissen, Parabeln.

- Der Evangelist Lukas hat dies in der theologischen Komposition „seines“ Evangeliums begriffen. Er setzt in dessen Mitte die Geschichte vom Vater und seinen beiden verlorenen Söhnen (Lk 15,11–32). Diese Parabel ist wie ein „Evangelium im Evangelium“[32].
- Auch das Matthäusevangelium enthält zwei Erzählungen zum Erbarmen Gottes. Jene vom umbarmherzigen Knecht (Mt 18,23–35)
- und die andere von den Arbeitern im Weinberg und ihrer Entlohnung durch den Herrn (Mt 20,1–16).

Alle drei Erzählungen haben als gemeinsame Grundmelodie das letztlich unbegreifliche, uns manchmal in unseren Augen ungerecht dünkende Erbarmen eines „Herrn“, in dem wohl schon Jesus selbst seinen Gott sah. Wir lernen aber aus Jesu Gleichnissen, was aus der Sicht Gottes „gerecht“ meint: Es geht nicht in erster Linie darum, einem „Gesetz“, einer „Ordnung“ gerecht zu werden (das bleibt zum Schutz des Gemeinwohls wichtig). Vielmehr geht es Gott darum, jedem einzelnen Menschen in seiner einmaligen und oft ausweglosen Lage „gerecht“ zu werden. Wo Gerechtigkeit derart menschenbezogen verstanden wird, relativiert sich auch die unaufhebbare Spannung zwischen Gerechtigkeit und Erbarmen.

Wir horchen uns meditativ in die Schlüsselerzählung vom Vater und seinen beiden Söhnen ein. Zu Hilfe nehmen wir die christliche Kunst. Der alte *Rembrandt* hat es 1662 in einem grandiosen und eindringlichen Gemälde aufgegriffen.[33] Dieses findet sich heute in der Eremitage in St. Petersburg.[34]

Die beiden anderen großen Erzählungen (der unbarmherzige Knecht; die Arbeiter im Weinberg) und weitere Texte der Heiligen Schrift und der christlichen Theologie ziehen wir bei, um den Reichtum der Gottesrede Jesu weiter zu entfalten. Es war nicht zuletzt die große Gerichtsszene bei Matthäus (Mt 25,31–46), die von den spirituellen christlichen Meistern[35] wie auch der christlichen Kunst aufgegriffen wurde[36], um das Erbarmen jener Menschen zum Thema zu machen, denen zuvor Gottes Erbarmen zuteil geworden ist.

Der Vater und seine beiden verlorenen Söhne

Rembrandt, Der verlorene Sohn, 1662. Eremitage St. Petersburg

Weiter sagte Jesus: Ein Mann hatte zwei Söhne.

[Der Jüngere]
Der jüngere von ihnen sagte zu seinem Vater: Vater, gib mir das Erbteil, das mir zusteht. Da teilte der Vater das Vermögen auf. Nach wenigen Tagen packte der jüngere Sohn alles zusammen und zog in ein fernes Land. Dort führte er ein zügelloses Leben und verschleuderte sein Vermögen. Als er alles durchgebracht hatte, kam eine große Hungersnot über das Land und es ging ihm sehr schlecht. Da ging er zu einem Bürger des Landes und drängte sich ihm auf; der schickte ihn aufs Feld zum Schweinehüten. Er hätte gern seinen Hunger mit den Futterschoten gestillt, die die Schweine fraßen; aber niemand gab ihm davon. Da ging er in sich und sagte: Wie viele Tagelöhner meines Vaters haben mehr als genug zu essen und ich komme hier vor Hunger um. Ich will aufbrechen und zu meinem Vater gehen und zu ihm sagen: Vater, ich habe mich gegen den Himmel und gegen dich versündigt. Ich bin nicht mehr wert, dein Sohn zu sein; mach mich zu einem deiner Tagelöhner. Dann brach er auf und ging zu seinem Vater.

[Der Vater]
Der Vater sah ihn schon von weitem kommen und er hatte Mitleid mit ihm. Er lief dem Sohn entgegen, fiel ihm um den Hals und küsste ihn. Da sagte der Sohn: Vater, ich habe mich gegen den Himmel und gegen dich versündigt; ich bin nicht mehr wert, dein Sohn zu sein. [Mach mich zu einem deiner Tagelöhner.]
Der Vater aber sagte zu seinen Knechten: Holt schnell das beste Gewand und zieht es ihm an, steckt ihm einen Ring an die Hand und zieht ihm Schuhe an. Bringt das Mastkalb her und schlachtet es; wir wollen essen und fröhlich sein. Denn mein Sohn war tot und lebt

wieder; er war verloren und ist wiedergefunden worden. Und sie begannen, ein fröhliches Fest zu feiern.

[Der Ältere]
Sein älterer Sohn war unterdessen auf dem Feld. Als er heimging und in die Nähe des Hauses kam, hörte er Musik und Tanz. Da rief er einen der Knechte und fragte, was das bedeuten solle. Der Knecht antwortete: Dein Bruder ist gekommen und dein Vater hat das Mastkalb schlachten lassen, weil er ihn heil und gesund wiederbekommen hat. Da wurde er zornig und wollte nicht hineingehen. Sein Vater aber kam heraus und redete ihm gut zu. Doch er erwiderte dem Vater: So viele Jahre schon diene ich dir, und nie habe ich gegen deinen Willen gehandelt; mir aber hast du nie auch nur einen Ziegenbock geschenkt, damit ich mit meinen Freunden ein Fest feiern konnte. Kaum aber ist der hier gekommen, dein Sohn, der dein Vermögen mit Dirnen durchgebracht hat, da hast du für ihn das Mastkalb geschlachtet. Der Vater antwortete ihm: Mein Kind, du bist immer bei mir, und alles, was mein ist, ist auch dein. Aber jetzt müssen wir uns doch freuen und ein Fest feiern; denn dein Bruder war tot und lebt wieder; er war verloren und ist wiedergefunden worden. (Lk 15,11–32)

Der Jüngere

Das Stück spielt in einem mittelständischen Bauernbetrieb.[37] Der weise, gerechte und fürsorgliche Vater hält ihn zusammen. Eines Tages nun bricht der jüngere Sohn aus. Er geht in die Fremde, verlässt den Bereich der väterlichen Fürsorge, lebt in Saus und Braus und steht, als es ihm im Ausland wirtschaftlich schlecht ergeht, vor dem Nichts. Er verdingt sich in einem Extremniedriglohnjob. Für die jüdischen Zuhörer Jesu muss es „das Letzte" sein, wenn er sich bei Schweinen aufhalten muss. Das macht ihn unrein. Sein Leben ist buchstäblich „versaut". Inmitten dieses Elends kommen nostalgische Erinnerungen: Jeder Taglöhner daheim hat es besser als ich hier bei den Schweinen. So treibt es ihn heim – noch mehr: der griechische Ausdruck für das Aufbrechen heißt *anastas* – auf(er)stehend. Eine kleine Ostergeschichte?[38]

Bibelausleger haben über diesen jüngeren Sohn und seine Motive ebenso viel gerätselt wie über die Frage, warum er uns so sehr berührt und sympathisch ist. Die Frage nach dem vermuteten Innenleben des Ausreißers ist weniger wichtig. Hat er den Vater gekränkt, als er sich von ihm abwandte? War es eine Schädigung des Betriebs, weil er sein Kapital entnahm? Gab es im Hintergrund eine Rivalität zwischen dem älteren und dem jüngeren Sohn? Was bewegte ihn, aus der Fremde ins Elternhaus heimzukehren? Tiefe Reue oder trockener Überlebensdrang?

Lebensumwegig

Dass uns die Erzählung vom „verlorenen Sohn" spirituell und existenziell (was ja voneinander nicht zu trennen ist) derart berührt, hat damit zu tun, dass sich im Grund jede und jeder von uns als „lebensumwegig" vorkommt.

Am Ende seines Lebens hat man den Schriftsteller Heinrich Böll gefragt, wie er sich, rückblickend auf sein langes Leben, fühle. Da soll er gesagt haben: Ein wenig fremd komme ich mir auf Erden schon vor.

Wir tragen eine tiefe Ahnung davon in uns, dass wir auf einem Weg sind in einer Welt, die uns letztlich ein wenig fremd ist. Wir sind in sie eingetreten und wissen genau, dass wir sie wieder verlassen werden. Auch wenn wir es verdrängen: Es gibt offensichtlich einen heimatlichen Ursprung sowie eine Sehnsucht, in diese paradiesische Heimat zurückzukehren; und wir erleben uns dazwischen auf einem Pilgerweg in der Fremde, in einer Art „Ausland“ – was in der deutschen Sprache mit „Elend“ verwandt ist.[39]

Fremdheit

Christen haben dieses Wissen stets mit sich getragen. Im Ersten Petrusbrief heißt es: *Liebe Brüder, da ihr Fremde und Gäste seid in dieser Welt, ermahne ich euch ...* (1 Petr 2,11). Und kurz zuvor: *Und wenn ihr den als Vater anruft, der jeden ohne Ansehen der Person nach seinem Tun beurteilt, dann führt auch, solange ihr in der Fremde seid, ein Leben in Gottesfurcht* (1 Petr 1,17). Ebenso im Brief an die Hebräer: *Voll Glauben sind diese alle gestorben, ohne das Verheißene erlangt zu haben; nur von fern haben sie es geschaut und gegrüßt und haben bekannt, dass sie Fremde und Gäste auf Erden sind (Hebr 11,13).*

Der Mensch, aus seinem göttlichen Ursprung kommend, hineingestellt in diese Welt, erlebt sich, gemessen an seinem heimatlichen Ursprung, wie in der Fremde. Dieses Gefühl von Fremdheit ist aber wie eine Erinnerung an den Ursprung, die manchmal an die Oberfläche des Bewusstseins tritt, viel häufiger aber in der Tiefe unseres Seins verborgen bleibt.

Paroikia ist das Wort für diese „Fremde“, wovon sich das Wort Pfarrei, Pfarre ableitet. Pfarrgemeinschaften sind Weggemeinschaften von Menschen, die in der Fremde dieser Erdenzeit miteinander unterwegs sind.

Ent-Fremdung

Fremdheit ist das eine, Ent-Fremdung noch einmal etwas anderes. Diese ist das stille, meist untergründige leidvolle Ahnen davon, nicht nur in der Fremde zu sein, sondern dass einem dabei die Heimat fremd wird, ja noch mehr, dass man sich letztlich selbst zur/zum Fremden wird. Es ist die Erfahrung des Vergessens, wo man herkommt, hingeht und letztlich hingehört, wer man also ist.

Solche Ent-Fremdung bestimmt unseren Lebensstil nachhaltig. Ins Zentrum rückt dann das, was man vor Augen hat. Der große Zusammenhang hingegen geht verloren. Vielleicht ist das, was Gronemeyer „Leben als letzte Gelegenheit" nennt, ent-fremdetes Leben. Es rechnet nicht mehr mit einer anderen Welt, einer Heimat, aus der man kommt und in die man heimkehrt. Verlassen und alsbald vergessen ist der „Vater", damit aber auch, um in der männlichen Bildsprache des Gleichnisses zu bleiben, dass man „Sohn" ist. Der „Sohn" mutiert zum „Lebemann", der eben genießt, was das Leben so bietet, ohne größeren Horizont und tragenden Sinn, der über das Handfeste hinausgeht. Man „ist", was man gerade erlebt. Und wenn das in Krise gerät, wie beim Sohn des Gleichnisses, verliert solches Leben gänzlich seinen Sinn. Gott ist faktisch vergessen.

Die Religion nennt solchen Zustand der Ent-Fremdung von alters her „Sünde". Und weil wir als Menschen auf Erden ihr offensichtlich nicht entrinnen können, gehört diese Entfremdung zur conditio humana, zum menschheitlichen Erbe, und ist – mit einem häufig missverstandenen Wort – „Erbsünde".[40] Es ist jener Zustand des Menschen, in dem die Enge der weltlichen Fremde für die Weite seiner verlorenen himmlischen Heimat gehalten wird. Es ist eine geschrumpfte Wirklichkeit, pure Diesseitigkeit, die uns vielerlei Vertröstung bietet, aber letztlich keinen bleibenden Trost bereithält.

Kann es sein, dass das Wissen um solche Ent-Fremdung dann ans Licht kommt, wenn es uns in der entfremdenden Fremde schlecht geht, wie dem einen Sohn im Gleichnis Jesu? Sind es nicht oftmals gerade die Krisen des Lebens, so therapeutische Weisheit, die Einsicht und Entwicklung ermöglichen? Nicht selten kommt dann inmitten einer biographischen „Hungersnot“ (für die Bibel oft eine von Gott dem Volk Israel verordnete Lehrzeit) aus der verschütteten Tiefe die Erinnerung „in den Sinn“, dass das Leben des Menschen, seine Würde und Größe, mehr ist, als sich in der irdischen Fremde ereignen kann, mag es dabei noch so bunt zugehen. Erleben wir dann nicht eine schmerzliche Spannung zwischen dem, was wir faktisch leben und was wir – dieses im Leid erahnend – im Grunde sind? Könnte es nicht wegen der existentiellen „Hungersnot“ geschehen, „dass in der Tiefe des Gewissens des verlorenen Sohnes der Sinn für die verlorene Würde auftaucht, für jene Würde, die dem Verhältnis des Sohnes zum Vater entspringt“[41]?

Rembrandt hatte diese tiefe Ambivalenz offensichtlich erkannt. An dem heimkehrenden Sohn hat er beide Erfahrungen symbolisch dargestellt:

- Deutlich sichtbar sind die Spuren des Gehens. Rembrandt malte die *Füße* des heimgekehrten Sohnes mit großer Einfühlung. Es war kein leichter Weg mehr, den der Sohn hinter sich hat. Die Sandalen sind abgetreten, die linke Sandale liegt neben dem Fuß; an dessen Sohle zeigen sich Wunden und Verletzungen. Buchstäblich „ging es ihm nicht mehr gut“.
- Der Sohn trägt nicht mehr das würdevolle *Haar*. Er ist glatt geschoren, wie bei einem Häftling, einem Sklaven. Ein

Mensch, bei dem die Ent-Fremdung zur Sklaverei auswuchs – bei den Schweinen und Schweinereien des Lebens, abhängig von den ausbeuterischen Herren der Welt.

- Das *Gewand* des Sohnes steht in scharfem Kontrast zu den Gewändern der übrigen Personen im Bild. Vom feierlichen Rot des Gewandes des Vaters, aber auch des älteren Sohnes, hebt sich das abgetragene Kleid des jungen Mannes deutlich ab.
- Und trotz solcher Verlottertheit trägt der Sohn immer noch ein Zeichen seiner Würde an sich: Der *Dolch* des Freien ist immer noch an seiner Seite.

Der Vater

Rembrandt zeigt den Vater, wie er den Heimkehrer empfängt. Wenig erfahren wir daraus, was ihn bewegt hat, als der Sohn um die Ausbezahlung des Erbes bat. Hat dieser fahrlässig gehandelt, als er ihm das Erbe vorzeitig ausbezahlt hat und damit den Betrieb in eine schlechtere Lage versetzt hat? Oder spielte das gar keine Rolle, weil es sich um einen sehr gut gehenden Betrieb mit einem Eigentümer handelte, der im Überfluss wirtschaftete?

Jedenfalls hat der Vater den Auszug seines jüngeren Sohnes schmerzlich erlebt. Er ließ ihn zwar ziehen, aber mit seinem Herzen hat er ihn nie gehen lassen: Er begleitete ihn offensichtlich in seinen Gedanken. Hatte er eine Ahnung, dass er wiederkehren würde? Meinte er vielleicht gar – wie manche Eltern –, man könne ihm diese bittere und zugleich doch wichtige Erfahrung ersparen? Haben nicht jene Eltern Recht, wenn sie ihren Kindern das „Hotel Mama“ verweigern? Hat der Va-

ter vielleicht seinem Sohn das „Hotel Vater“ verweigert, damit er endlich „auszieht“ und sich auf seinen eigenen Weg macht, auf die eigenen Füße kommt? Macht es nicht gerade den Menschen aus, dass er wegmuss aus seinem Ursprungsland, um auf einem Weg durch die Fremde zu erleben, wer er in Wahrheit ist?

Mir berichten Eltern – eine Erfahrung, die in ähnlicher Weise auch jene erzählen, die in der Seelsorge arbeiten –, dass ihre Kinder aus der Kirche austreten, in die sie als Säuglinge hineingetauft wurden. Und dann geschieht das Überraschende: Im Abstand lernen nicht wenige erstmals kennen, was an der Kirche dran ist. Manche sagen sich sogar von Gott los und werden demonstrative Atheisten, um in der Erfahrung eines bewegten Lebens voll Freuden und Leiden erstmals jenen Gott kennen zu lernen, an dem sie im Grund ihres Herzens doch hängen und von dem sie vielleicht durch falsche Bilder entfremdet worden waren.

So kommt dieser Sohn nach einem langen Weg durch die Fremde heim. Berührend erzählt Jesus, dass der Vater ihn schon von fern erblickt und ihm entgegeneilt. Was muss der Vater doch über die Jahre gehofft haben! Wie sehr muss er mit seinem Sohn unterwegs gewesen sein! Wie viel wird er mit ihm, sein Schicksal ahnend – die Hungersnot war ihm vielleicht zu Ohren gekommen –, mitgelitten haben! Wie hat er ihm, dem Treulosen, die Treue gehalten. Wahrlich ein Gott, von dem dann das Neue Testament sagen wird:

Das Wort ist glaubwürdig: Wenn wir mit Christus gestorben sind, / werden wir auch mit ihm leben;
wenn wir standhaft bleiben, / werden wir auch mit ihm herrschen;
wenn wir ihn verleugnen, / wird auch er uns verleugnen. Wenn wir untreu sind, / bleibt er doch treu, /
denn er kann sich selbst nicht verleugnen. (2 Tim 2,11–13)

Rembrandt bringt viel von solchen tiefen und berührenden Gefühlen des Vaters ins Bild. Es sind wieder die Symbole, die uns verdeutlichen, was den Vater bewegt. Kein Zweifel: In dem, was er jetzt tut, offenbart er, was er in seiner innersten Mitte ist: Ein Gott des Erbarmens, aber auch unverbrüchlicher Treue zu seinen „Kindern“:

Du liebst alles, was ist, und verabscheust nichts von allem, was du gemacht hast; denn hättest du etwas gehasst, so hättest du es nicht geschaffen. Wie könnte etwas ohne deinen Willen Bestand haben, oder wie könnte etwas erhalten bleiben, das nicht von dir ins Dasein

gerufen wäre? Du schonst alles, weil es dein Eigentum ist, Herr, du Freund des Lebens. (Weis 11,24–26)

Rembrandt zeigt uns sinnenfällig, wie der Vater seinen lebensumwegig heimgekehrten Sohn buchstäblich „behandelt".

Kunstkenner weisen darauf hin, dass die beiden Hände des Vaters, wie Rembrandt sie gemalt hat, verschieden sind. Sie erkennen in der einen Hand eine männliche, in der anderen eine weibliche. Die ansonsten in der ganzen Erzählung Jesu abwesende Mutter kommt hier in der mütterlichen Hand zum Zug. „Gott ist uns Vater und noch mehr Mutter", so der unvergessliche liebenswürdige 33-Tage-Papst Johannes Paul I.

Gerechtigkeit und Erbarmen

Diese Symbolik von den beiden Händen greift tief. Die theologische Auslegung des Gleichnisses Jesu kann nicht gelingen, übergeht sie die für alle Religionen zentrale Frage nach dem Verhältnis von Gerechtigkeit und Erbarmen.[42]

Unsere modernen Kulturen zeichnet aus, dass sie gewähren lassen. Jede und jeder soll so leben, wie sie oder er es für richtig hält. Zu solchen Sätzen bekommt man in Umfragen fast nur

Zustimmung. Eine Kirche soll sich nicht einmischen und den Leuten vorschreiben, was gut und richtig ist. Von da aus ist der Schritt nicht mehr weit, dass man sich auch von Gott nichts mehr vorschreiben lässt. Die neuzeitliche Moderne hat die Freiheit gewählt und dabei Gott abgewählt. Nietzsche hatte schon Recht: Gott ist für viele praktisch tot.

Wenn es dann aber spirituelle Bedürfnisse jenseits moralischer Fragen gibt, wenn man dann nach einem Gott ausschaut, dann muss dieser den modernen Freiheitsbedürfnissen angemessen sein. Nicht wir richten uns nach ihm, schon gar nicht lassen wir uns von ihm richten: Gott soll uns vielmehr aufrichten. Und im Übrigen richten wir ihn uns her. Der Satz, Johann B. Metz sinngemäß zugeschrieben, hat viel für sich: „Wir haben uns aus einem unpassenden Gott einen uns passenden Gott gemacht.“ Ein solcher passender Gott aber ist gefahrlos, weil er uns auch zu unserem eigenen Heil und zur eigenen Heilung nicht mehr ändern kann. Er ist wirklich eine Art Überbau, spirituelles Opium in trostlosen Tagen. Er hilft uns, unser Elend spirituell zu verbrämen – kurzzeitig wenigstens.

Trifft da nicht Jesu Erzählung genau die modernen Bedürfnisse? Schätzen wir das Bild eines Gottes des Erbarmens vielleicht deshalb, weil dieses unserem modernen Gottbedarf sehr entgegenkommt?

Könnte es aber nicht sein – Gegenfrage –, dass wir damit Jesus mit seinem Gleichnis gründlich missverstehen? Ist es wirklich ein Erbarmen der Beliebigkeit, also ein gleichgültiges Erbarmen Gottes mit unserer selbstzerstörerischen Erbärmlichkeit, das Jesus an Gott sichtbar machen will? Und noch mehr: Was werden die Opfer der vielen Ungerechtigkeiten von Gott sagen, wenn er sich aller Bösartigkeiten letztlich erbarmt?

Wird da nicht unsere Ungerechtigkeit in Gott hineingetragen? Gewiss, Täter mögen auf Erbarmen hoffen. Aber ist das, was die Opfer brauchen, nicht Gerechtigkeit? Ist also womöglich ein Gott des Erbarmens ein ungerechter Gott?

Damit stehen wir vor der Frage, welche die jüdische wie die christliche Theologie intensiv beschäftigt hat und nach wie vor bedrängt: Wie stehen Gerechtigkeit und Erbarmen zueinander – in Gott und in der Folge auch in unserem eigenen Leben?

Kein Zweifel: Von Gott sagen alle Glaubenstraditionen, dass er gerecht ist. Der Gerechtigkeit unmittelbar zugeordnet ist nicht das Erbarmen, sondern der Zorn Gottes. Charakteristisch für Gott ist, dass er Unrecht nicht übersieht und überhört, sondern gerade für dieses „Aug und Ohr" (Ex 3,7) ist. Es gibt in der biblischen Tradition eine Theologie des „Schreies der Armen"[43]. Die katechetische Tradition hat daraus die „Lehre von den himmelschreienden Sünden" geformt.[44] Gegen jene, die den Bruder töten (Gen 4,10), das Volk Israel unterdrücken (Ex 3,7–10), das Gastrecht nicht achten (Gen 18,20; 19,13), Fremde, Witwen und Waisen ausbeuten (Ex 22,20–22) und den Tagelöhnern den geschuldeten Lohn am Abend vorenthalten (Dtn 24,14; Jak 5,4), zürnt Gott. Sie bringen ihn gegen sich auf. Er steigt, so erzählt das Buch Exodus angesichts der Unterdrückung der Israeliten in Ägypten, herab, um das Volk den Unterdrückern zu entreißen und in ein vor Leben strotzendes Land zu führen (Ex 3,7–10).

So gesehen ist Gott kein „lieber" und schon gar nicht ein „lieblicher" Gott. Die heute verbreitete Verharmlosung Gottes verkennt den biblischen Gott. Man mag eine solche „Gottesverlieblichung" deuten als Antwort auf eine lange praktizierte „Gottesverdrohlichung": Ein bedrohlicher Gott wurde volkserzieherisch eingesetzt, um auf dem Umweg der Angst moralisches Leben zu erzwingen. Angst vor Gott ist das eine, Gottesfurcht das andere. Gottesfurcht meint aber Ehrfurcht vor Gott. Zugleich erliegt solche Gottesfurcht nicht falscher und leichtsinniger Sicherheit vor Gott. Das ist ein Anliegen, das die protestantische Frömmigkeit prägt.[45] Gerade weil sie in der Rechtfertigungslehre so sehr auf die freie und unverdienbare Gnade Gottes setzt, kann sich leicht unmoralische Heilsgewissheit breitmachen. Luther mahnt daher 1529 im Kleinen Katechismus: Die Menschen sollen „Gott fürchten und lieben". – „Die höchste Weisheit ist die Furcht des Herrn (Jes Sir 1,16), dass man den Zorn Gottes erkenne, und darnach alles lebe und verrichte in Demuth."

Erbarmen: überbotene Gerechtigkeit

Dennoch: So gerecht Gott nach Ausweis der heiligen Schriften aller Religionen ist – er ist auch voll Erbarmen. Für den Menschen heißt das konkret: „Im Zentrum der Botschaft Jesu steht die Verkündigung der väterlichen Liebe Gottes: Der Sünder ist nicht hoffnungslos dem Zorn Gottes ausgeliefert, sondern darf auf Gottes Barmherzigkeit und Vergebung vertrauen."[46]

Gerechtigkeit und Erbarmen stehen dabei nicht einfach unverbunden nebeneinander. Schon gar nicht hebt das Erbarmen Gottes Gerechtigkeit auf. Vielmehr ist, so die zentrale Botschaft der jüdisch-christlichen Tradition, Erbarmen überbotene Gerechtigkeit.

Diesen überraschenden Zusammenhang verdeutlicht die Gleichnisrede Jesu von den Arbeitern im Weinberg.

Denn mit dem Himmelreich ist es wie mit einem Gutsbesitzer, der früh am Morgen sein Haus verließ, um Arbeiter für seinen Weinberg anzuwerben. Er einigte sich mit den Arbeitern auf einen Denar für den Tag und schickte sie in seinen Weinberg.
Um die dritte Stunde ging er wieder auf den Markt und sah andere dastehen, die keine Arbeit hatten. Er sagte zu ihnen: Geht auch ihr in meinen Weinberg! Ich werde euch geben, was recht ist. Und sie gingen. Um die sechste und um die neunte Stunde ging der Gutsherr wieder auf den Markt und machte es ebenso. Als er um die elfte Stunde noch einmal hinging, traf er wieder einige, die dort herumstanden. Er sagte zu ihnen: Was steht ihr hier den ganzen Tag untätig herum? Sie antworteten: Niemand hat uns angeworben. Da sagte er zu ihnen: Geht auch ihr in meinen Weinberg!
Als es nun Abend geworden war, sagte der Besitzer des Weinbergs zu seinem Verwalter: Ruf die Arbeiter, und zahl ihnen den Lohn aus, angefangen bei den Letzten, bis hin zu den Ersten. Da kamen die Männer, die er um die elfte Stunde angeworben hatte, und jeder erhielt einen Denar. Als dann die Ersten an der Reihe waren, glaubten sie, mehr zu bekommen. Aber auch sie erhielten nur einen Denar. Da begannen sie, über den Gutsherrn zu murren, und sagten: Diese Letzten haben nur eine Stunde gearbeitet, und du hast sie uns gleichgestellt; wir aber haben den ganzen Tag über die Last der Arbeit und die Hitze ertragen. Da erwiderte er einem von ihnen: Mein Freund, dir geschieht kein Unrecht. Hast du nicht einen Denar mit mir vereinbart? Nimm dein Geld und geh! Ich will dem Letzten ebenso viel geben wie dir. Darf ich mit dem, was mir gehört, nicht tun, was ich will? Oder bist du neidisch, weil ich (zu anderen) gütig bin? (Mt 20,1–15)

Der Weinbergbesitzer hält sich an den vereinbarten Lohn. Die Absprache mit den Ersten macht deutlich, was ihm die Arbeitsstunde (tarifvertraglich, so würden wir heute sagen) wert ist. In diesem Sinn ist der Gutsherr „gerecht".

Zugleich schert der Besitzer aus dem Tarifvertrag und damit aus der Ebene der Gerechtigkeit aus, indem er mit Ausnahme der Ersten allen mehr bezahlt. Und je später einer kam, desto mehr hatte er am Ende. Und damit das nicht übersehen werden konnte, begann der Verwalter mit der Auszahlung vor allen Versammelten beim Letzten.

Den Protest der Ersten können wir nach den Spielregeln heutiger Arbeitsverhältnisse gut verstehen. Hier zählt allein Gerechtigkeit. Sonst nichts. Bekommt einer in diesem Rahmen mehr, dann gilt das als eine Verletzung der Gleichheit, die mit unserem Gerechtigkeitsverständnis eng verbunden ist. Und doch insistiert Jesus auf die Güte und das Erbarmen des Besitzers, hinter dem die Hörer des Gleichnisses leicht Gott erkennen können, handelt es sich doch bei der Erzählung um eine der Reich-Gottes-Parabeln: Gott ist einer, der Recht nicht nur einhält, sondern gegebenenfalls überbietet.

- Das zeichnet sich schon darin ab, dass der Besitzer des Weinbergs eine Stunde vor Arbeitsschluss noch Leute in den Dienst nimmt. Da war keine große Leistung mehr zu erwarten. Verstehen kann man diese „unsinnige" Vorgehensweise nur auf Grund der Güte des Besitzers: Ihm ging es darum, dass die Leute überhaupt etwas zum Leben bekamen.
- Damit aber der damalige Taglöhner auch seine Familie erhalten konnte, brauchte er einen Ganztageslohn. Und den bekam er. Ohne erbrachte Leistung gab der Besitzer auch den Letzten das, was sie zum Leben brauchten – aus purer erbar-

mender Güte. Er erwies sich als barmherzig – hatte also ein Herz für die harten Realitäten. Sein Ziel war das Überleben und nicht das Einhalten von arbeitsrechtlichen Bedingungen. Hätte er das gemacht, wären die Männer ohne Arbeit und damit ihre Familien in ihrem Überleben gefährdet gewesen.

Schriftkundige weisen in diesem Zusammenhang darauf hin, dass auf solche Weise keiner handeln kann, dessen Mittel knapp sind, sondern nur wer im Überfluss lebt und „auf sein Recht verzichten" kann. So ist Gott: Aus seiner Fülle gibt er jenen, die er ins Leben ruft, was sie zum Leben brauchen. Solche Barmherzigkeit widerspricht nicht dem Recht, sondern macht offenbar, wozu es das Recht überhaupt gibt: um dem konkreten Menschen „gerecht" zu werden.

Erkennbar wird darin etwas von der Logik des „Erlassjahres". Nach fünfzig Jahren sollen alle versklavenden Verhältnisse getilgt werden, damit alle im Volk als Freie leben können.

Erklärt dieses fünfzigste Jahr für heilig und ruft Freiheit für alle Bewohner des Landes aus! Es gelte euch als Jubeljahr. Jeder von euch soll zu seinem Grundbesitz zurückkehren, jeder soll zu seiner Sippe heimkehren. (Lev 25,10)

Erbarmen steht also in einem bleibenden Spannungsverhältnis zur Gerechtigkeit.

- Das heißt erstens, dass Erbarmen Gerechtigkeit nicht ersetzt. Vielmehr setzt es ein Ringen um wachsende Gerechtigkeit voraus. Noch mehr, biblisch besehen zielt die Gerechtigkeit geradezu auf Erbarmen.
- Zweitens aber überbietet Erbarmen die Gerechtigkeit in unserem alltagssprachlichen Sinn. Das ist dann der Fall, wenn auf dem Weg der Gerechtigkeit das Leben und die Würde ei-

nes anderen bedroht sind. In einem solchen Fall trifft zu, was ein altes lateinischen Sprichwort so formulierte: „*summum ius, summa iniuria* – höchstes Recht, höchstes Unrecht. Diese Behauptung entwertet die Gerechtigkeit nicht, noch verringert sie die Bedeutung der Ordnung, die sich auf sie aufbaut; sie weist nur unter einem anderen Aspekt auf die Notwendigkeit hin, aus jenen noch tieferen Quellen des Geistes zu schöpfen, denen sich die Ordnung der Gerechtigkeit selber verdankt."[47]

Eine Erzählung aus dem Babylonischen Talmud stellt diesen unauflöslichen Zusammenhang von Gerechtigkeit und Barmherzigkeit erzählerisch dar:

„Zwölf Stunden hat der Tag; in den ersten drei Stunden sitzt der Heilige, gebenedeiet sei er, und befasst sich mit der Gesetzeslehre, in den anderen sitzt er und richtet die ganze Welt, und sobald er sieht, dass die Welt die Vernichtung verdient, erhebt er sich vom Stuhl des Rechts und setzt sich auf den Stuhl der Barmherzigkeit; in den dritten sitzt er und ernährt die ganze Welt, von den gehörnten Büffeln bis zu den Nissen der Läuse; in den vierten sitzt der Heilige, gebenedeiet sei er, und scherzt mit dem Levjathan, denn es heißt: ‚Der Levjathan, den du geschaffen hast, um mit ihm zu spielen!'"[48]

Dieser berührenden Erzählung über das Ringen von Gerechtigkeit und Barmherzigkeit in Gott entspricht die Symbolik des aaronitischen Segens. Beide Hände werden durch den Segnenden erhoben. Dabei bedeutet die rechte Hand *din* die Strenge – sie steht für die Gerechtigkeit. Die linke Hand *hesed* symbolisiert Huld und Gnade Gottes. Der Segnende erhebt die Hand des Erbarmens höher als die Hand der Gerechtigkeit. Die Gerechtigkeit gipfelt im Erbarmen, dieses ist ihr Ziel und ihre Vollendung:

Der Herr segne dich und behüte dich.
Der Herr lasse sein Angesicht über dich leuchten
und sei dir gnädig.
Der Herr wende sein Angesicht dir zu
und schenke dir Heil. (Num 6,24–26)

Erbarmen, wenn Gerechtigkeit unmöglich

Erbarmen überbietet aber nicht nur Gerechtigkeit. Es zeigt sich, so Jesus in einer weiteren Reich-Gottes-Parabel, wenn Gerechtigkeit (in einem engeren, mehr weltlichen Sinn) nicht möglich ist.

Mit dem Himmelreich ist es deshalb wie mit einem König, der beschloss, von seinen Dienern Rechenschaft zu verlangen.
Als er nun mit der Abrechnung begann, brachte man einen zu ihm, der ihm zehntausend Talente schuldig war. Weil er aber das Geld nicht zurückzahlen konnte, befahl der Herr, ihn mit Frau und Kindern und allem, was er besaß, zu verkaufen und so die Schuld zu begleichen. Da fiel der Diener vor ihm auf die Knie und bat: Hab Geduld mit mir! Ich werde dir alles zurückzahlen. Der Herr hatte Mitleid mit dem Diener, ließ ihn gehen und schenkte ihm die Schuld.
Als nun der Diener hinausging, traf er einen anderen Diener seines Herrn, der ihm hundert Denare schuldig war. Er packte ihn, würgte ihn und rief: Bezahl, was du mir schuldig bist! Da fiel der andere vor ihm nieder und flehte: Hab Geduld mit mir! Ich werde es dir zurückzahlen. Er aber wollte nicht, sondern ging weg und ließ ihn ins Gefängnis werfen, bis er die Schuld bezahlt habe.
Als die übrigen Diener das sahen, waren sie sehr betrübt; sie gingen zu ihrem Herrn und berichteten ihm alles, was geschehen war. Da ließ ihn sein Herr rufen und sagte zu ihm: Du elender Diener! Dei-

ne ganze Schuld habe ich dir erlassen, weil du mich so angefleht hast. Hättest nicht auch du mit jenem, der gemeinsam mit dir in meinem Dienst steht, Erbarmen haben müssen, so wie ich mit dir Erbarmen hatte? Und in seinem Zorn übergab ihn der Herr den Folterknechten, bis er die ganze Schuld bezahlt habe.
Ebenso wird mein himmlischer Vater jeden von euch behandeln, der seinem Bruder nicht von ganzem Herzen vergibt.
(Mt 18,23–35)

Jesus inszeniert seine Erzählung so, dass allen, die sie hörten, schon klar sein musste, dass eine gerechte Lösung nicht möglich ist. Das Schuldenausmaß des korrupten Dieners war so enorm, dass eine Rückzahlung ausgeschlossen war.[49] Der Diener war ruiniert. Und mit ihm – in gänzlich schuldloser Weise – seine Familie. Das veranlasst ihn, vor dem König niederzufallen und ihm in wehrloser Demut zu „huldigen“.

Das löst im König tiefe Emotionen aus; *splanchnisteis de ho kyrios*[50], so der griechische Text. Der König wurde in seinem Innersten (in seinem „Bauch“, in seinen Eingeweiden) aufgewühlt: Er vergibt dem korrupten Diener die uneinbringliche Schuld und gibt ihm so den Weg zurück ins Leben frei.

Das ist eine erste Botschaft dieses Gleichnisses: Der König handelt aus der Tiefe seines Erbarmens so, dass trotz unwiderbringlicher Schuld selbst der schäbige Diener mit seiner Familie in Würde leben kann.

Dieses „Wieder-leben-Können“ erlebt auch der lebensumwegig heimgekehrte jüngere Sohn. Er wird von seinem Vater nicht nur umarmt. Er wird neu eingekleidet – mit dem besten Gewand, mit neuen Schuhen und dem Ring des Sohnes an die Hand. Das ist ein äußeres Zeichen dafür, dass der Heimkehrer jetzt nicht als Sklave oder Taglöhner arbeiten muss, sondern in seine Position als Sohn eingesetzt wird. Noch mehr: Der Vater hat nicht nur den ausgezogenen Sohn heil und gesund wiederbekommen. Eine kleine Auferstehung geschah – *mein Sohn war tot und lebt wieder; er war verloren und ist wiedergefunden worden.*

Eben das ist der Grund für das große Fest der Freude, das über die ersehnte Heimkehr steigt: mit einem Mastkalb, Musik und Tanz. Es ist dieselbe Freude, die auch schon bei den Gleichnissen zuvor aufgeklungen ist: über das verlorene Schaf und die verlorene Drachme (Lk 15,1–10).

Der Ältere

„Das Gleichnis vom verlorenen Sohn", so titelt die Einheitsübersetzung über dem 15. Kapitel des Lukasevangeliums ab dem Vers 11. Exegetisch wie katechetisch wurde es zum „Gleichnis vom barmherzigen Vater" umbenannt. Vielleicht wäre es am besten, es zu überschreiben: „Das Erbarmen des Vaters mit seinen beiden verlorenen Söhnen". Denn auch der Daheimgebliebene erweist sich als verloren.

Er hört, als er sich von der Arbeit kommend dem Haus nähert, Musik und Tanz. Auf seine Frage an einen Knecht erfährt er nicht nur von der Heimkehr; man berichtet ihm zudem davon, wie der Vater den nicht nur in seinen Augen missratenen Jüngeren aufgenommen hat. Da wird ihm zugemutet, mitzufeiern. Das erzürnt ihn. Er weigert sich, hineinzugehen.

Verständnis für den Älteren

Der Ältere verdient dafür viel Verständnis. Er repräsentiert Sitte, Moral, geordneten Umgang mit Eigentum. Er ist der Arbeitsame. Er pocht auf Gerechtigkeit, so wie er sie versteht.

Vielleicht denkt der Ältere an dieser Stelle: Der Jüngere ist an seiner prekären Lage selbst schuld. Wäre er nur daheim geblieben. Nichts hatte ihm gefehlt. Er hätte nicht davongehen müssen. Indirekt steckt darin auch ein Vorwurf an den Vater, der ihn mit dem halben Erbe hatte ziehen lassen – und damit vielleicht sogar den Betrieb gefährdet oder zumindest finanziell belastet hat.

Wieder ist es der Vater, der überraschend handelt. Natürlich weiß auch er um die Gerechtigkeit. Aber eben diese nähme jetzt dem Jüngeren die Chance auf eine würdevolle Zukunft, auf die Rückkehr ins Leben. Also nimmt er einen höheren Standpunkt ein als jenen der Gerechtigkeit. Er gibt dem Erbarmen, das aus seinem Innersten kommt, den Vorzug. Und das auch gegenüber dem Daheimgebliebenen – dem Sitzengebliebenen? Zu ihm geht er hinaus. Er redet gut zu. Er erklärt: Tot war der Bruder, jetzt lebt er wieder. Und das sei doch Grund genug für das Fest.

Wir erfahren aus der Geschichte Jesu nicht, ob der Vater den Erzürnten umstimmen konnte. Rembrandt malt ihn stocksteif und unbeweglich an den Rand der Szene. Starr, erstarrt und verständnislos steht er am Rand, aufrecht, so wie er eben getreu gelebt hatte. Der Ausgang bleibt offen.

Mit Blick auf den Kontext, in dem Jesus das Gleichnis erzählt, ist dies wichtig. Denn jene, die das Gleichnis hören, sind dem Daheimgebliebenen ähnlich. Sie ärgern sich darüber, dass

Jesus sich mit den Lebensumwegigen seiner Zeit zusammentut, mit den Sündern, den Dirnen und den Zöllnern, mit den Aussätzigen und Kranken. Sie trachten ihm deshalb sogar nach dem Leben. Vor allem, weil er sie am Sabbat heilt.

So ist Gott

Statt die für sein Leben bedrohliche Lage aber zu entschärfen, verschärft sie Jesus durch seine Geschichte in gefährlicher Weise. Seine Botschaften sind einfach: Gott ist wie der Vater in meinem Gleichnis. Das ist die provokante Botschaft Jesu an die zürnenden Gerechtigkeitsfanatiker unter seinen Zuhörern. Und ich handle wie er. Der Lebensumwegige hat Gott verstehen gelernt: Ebenso verstehen Gott eben auch jene Personen, mit denen ich – Jesus – gern beisammen bin.

Jesus kann also nicht anders handeln als sein Gott selbst. Man hört aus seinem Gleichnis ein „Könnt ihr nicht begreifen, warum der Vater so handelt? Warum Gott so voll Erbarmen ist?" „Versteht ihr nicht", so fragt Jesus offenbar indirekt für sich, „dass ich gar nicht anders kann, als wie der Vater zu sein? Wie könnte ich Gottes Sohn sein, wenn ich nicht gottförmig handelte?"

Gebet Gottes um Barmherzigkeit

Wie könnte ich dich preisgeben, Efraim, wie dich aufgeben, Israel? Wie könnte ich dich preisgeben wie Adma, dich behandeln wie Zebojim? Mein Herz wendet sich gegen mich, mein Mitleid lodert auf. Ich will meinen glühenden Zorn nicht vollstrecken und Efraim nicht noch einmal vernichten. Denn ich bin Gott, nicht ein Mensch, der Heilige in deiner Mitte. Darum komme ich nicht in der Hitze des Zorns. Sie werden hinter Jahwe herziehen. Er brüllt wie ein Löwe, ja, er brüllt, dass die Söhne vom Westmeer zitternd herbeikommen. Wie Vögel kommen sie zitternd herbei aus Ägypten, wie Tauben aus dem Land Assur. Ich lasse sie heimkehren in ihre Häuser – Spruch des Herrn.

Hos 11,8

Eine jüdische Tradition berichtet, dass Gott selbst im Bethaus ist und um Barmherzigkeit betet:

„Es möge mein Wille sein, dass meine Barmherzigkeit meinen Zorn bezwingt, dass meine Barmherzigkeit sich über meine Attribute (der Gerechtigkeit) schiebt, dass ich mit meinen Kindern nach dem Attribut der Barmherzigkeit verfahre und dass ich ihretwegen das Recht nicht voll ausschöpfe.“[51]

Der Mensch habe Gott solches Beten gelehrt. Der Gott der Bibel, der Gott der jüdischen Tradition ist ein Gott, der in einen Dialog mit den Menschen eingetreten ist, der keineswegs einseitig verläuft. Ein solcher Gott ist uns wirklich nahe, und er eröffnet uns die Möglichkeit, ihn ohne Scheu an seine Barmherzigkeit zu erinnern.

Mensch des Erbarmens

Und die Menschen? Die Anderen, sind die Hölle?
Nein, die Anderen, Serapion, sie sind das Erbarmen.
György Rónay

Selig sind die Barmherzigen,
denn sie werden Barmherzigkeit erlangen.
Mt 5,7

Erbarmen und Mitleid: Sind sie eine Anleitung zu einem Leben als „Untermensch"? Behindern sie uns, ein „Übermensch" zu werden?

Schädliches Mitleid

Diese Frage von Nietzsche ist nicht grundlos gestellt. Offenkundig lernte der Pastorensohn Formen von „Erbarmen" kennen, die für die betroffenen Menschen letztlich „erbärmlich", schädlich waren.

Würdelos

Eine erste Variante solch schädlichen Mitleids ist, wenn es herablassend ist. Wahres Mitleid ist achtsam. Es nimmt die Würde des anderen wahr. Wechselseitigkeit ist sein Grundmerkmal. Johannes Paul II. sieht darin geradezu einen Wesenzug des Erbarmens Gottes:

„Die Botschaft von der göttlichen Barmherzigkeit stellt somit implizit auch eine Botschaft vom Wert eines jeden Menschen dar. Jede Person ist in den Augen Gottes wertvoll, für jeden Einzelnen hat Christus sein Leben hingegeben, jedem macht der Vater seinen Geist zum Geschenk und bietet Zugang in sein Innerstes“[52]

Das Gleichnis des verlorenen Sohnes macht diese Achtsamkeit für die Würde jedes Menschen deutlich: „Die Treue des Vaters zu sich selbst ist voll und ganz auf das Menschsein, auf die Würde des verlorenen Sohnes ausgerichtet.“[53]

Hilflos

Eine weitere Variante schädlichen Mitleids: Moderne Sozialpsychologie hat darauf hingewiesen, dass Erbarmen vielfach nicht dem anderen dient, sondern eher dem Helfer. Das Bild vom „hilflosen Helfer“ hat Schule gemacht. Wolfgang Schmidbauer hat ihn analysiert. Er charakterisiert damit die seelische Problematik von helfenden Berufen. Ursache sei, so Wolfgang Schmidbauer[54], ein überstreng altruistisches Ideal der sozialen Hilfe. Das Helfen überdecke die eigene Hilflosigkeit. Bei anderen wird sie gesehen und akzeptiert, bei einem selbst nicht. Ein solches „Helfersyndrom“ beschädige aber letztlich auch die geleistete Hilfe. Am Ende ist niemandem geholfen, dem anderen nicht, einem selbst aber auch nicht.

Mitleid kann zudem den anderen in eine Art Entmündigung und Dauerabhängigkeit versetzen. Diese Gefahr stellt sich nicht selten bei Experten des Helfens ein. Experten, so schrieb Ivan Illich[55] schon vor Jahren über das Gesundheitssystem, machten die Leute von sich abhängig. Sie würden ihnen sagen, was ihnen fehle, was sie benötigten (nämlich Hilfe durch den Experten) und wann sie geheilt seien.

Leistungsfeindlich

Eine dritte abwegige Form von Mitleid und Erbarmen führt dazu, dass die Entwicklung des anderen faktisch behindert wird. Im Jugendhaus der Caritas in Wien arbeitete einige Jahre der international für seine Kinderdörfer in Rumänien und Moldawien bekannt gewordene Jesuit Georg Sporschill.[56] Er praktizierte radikalen Respekt vor der Würde jener, die nach einem Gefängnisaufenthalt im bürgerlichen Leben wieder Fuß fassen wollten oder sich in der Drogenszene Wien aufhielten. Unabhängig von möglicher und erbrachter Leistung sollte es eine unbedingte Wertschätzung der Menschen geben. Damit lebte das Jugendhaus der Caritas ein Prinzip, das die christliche Gemeinde in Kreuzberg in Berlin unter dem damaligen Pfarrer Klaus Kliesch, einem Neutestamentler, so formuliert hatte: „In unserer Gemeinde kann sich um Gottes willen jede und jeder sehen lassen, vor jeder Leistung und trotz/in aller Schuld."

Diese Akzeptanz vor jeder Leistung, so Sporschill, berge allerdings eine Gefahr in sich. Sie könne die Entwicklung und damit eine „Leistung" anderer Art behindern. Der Mensch trage in sich ja nicht nur den Wunsch nach unbedingtem Ansehen. Er sei auch auf eigenverantwortliche Entwicklung angelegt.

„Vor jeder Leistung" und „für eigene Leistung" bildeten also keinen Widerspruch. So sehr also Erbarmen und Mitleid die Würde vor jeder Leistung schätzten: Sie dürften zugleich nicht Leistung im Sinn von Entwicklung verhindern. Erbarmen sei daher anspruchsvoll, enthalte die Bereitschaft zu Entwicklungsanreizen, zu Selbstverantwortung und Kreativität – so gut es eben gehe. So erweist sich der Wert des Menschen einerseits als nicht abhängig von Leistung(serfolg) und andererseits doch hingeordnet auf (kreative) Leistung.

Spiritualität des Erbarmens

Erbarmen ist keine Schwäche, sondern eine Tugend: also eine Tauglichkeit, eine Kompetenz, eine Stärke. Das teilt sie mit der mit der Gerechtigkeit eng verwobenen Tugend der Solidarität. Tugenden aber gilt es zu erwerben[57] und zu üben, bis sie zu einer Haltung, zu einer Art „zweiten Natur" geworden sind.

Die beste Schule für die Tugend des Erbarmens ist Gott selbst. Das war Jesu Absicht, wenn er Gleichnisse vom göttlichen Erbarmen erzählte. Er wollte damit nicht nur sein eigenes Tun rechtfertigen, sondern auch die Zuhörenden gewinnen, wie er – also wie Gott selbst – Erbarmen zu haben. Voll Erbarmen zu sein, zählt zu den Seligpreisungen. Das ist jene Lebensart, die sich im ankommenden Reich Gottes durchsetzen kann: *Selig sind die Barmherzigen, denn sie werden Barmherzigkeit erlangen* (Mt 5,7).

Der Tugend des Erbarmens liegt eine Geisteshaltung zu Grunde. Aus ihr entspringen dann Werke des Erbarmens, oder wie die Tradition sie nannte, Werke der Barmherzigkeit. Die

Geisteshaltung ist das Sein, die Werke sind das Tun. Eine alte Regel trifft zu: *agere sequitur esse* – das Tun folgt (aus) dem Sein.

Wie also wird man ein Mensch voll Erbarmen? Kurz gesagt: Es braucht eine innere Haltung und daraus kommend ein entsprechendes Tun.

Erbarmen erfahren

Mir ist Erbarmung widerfahren,
Erbarmung, deren ich nicht wert!
Das zähl ich zu dem Wunderbaren,
mein stolzes Herz hats nie begehrt.
Nun weiß ich das und bin erfreut
und rühme die Barmherzigkeit.
Ich hatte nichts als Zorn verdienet
und soll bei Gott in Gnaden sein;
Gott hat mich mit sich selbst versühnet
und macht durchs Blut des Sohns mich rein.
Wo kam dies her, warum geschieht's?
Erbarmung ist's und weiter nichts.

Philipp Friedrich Hiller Lierd

Wer in Not ist, hat es schwer, Erbarmen zu üben. In seinen Gleichnissen setzt Jesus deshalb immer voraus, dass der König oder der Weinbergbesitzer oder der Vater aus dem Vollen schöpfen. Er kann sich aus seinem Überfluss heraus erbarmen. Auf Gerechtigkeit im Sinn, dass er ein Recht habe, das Verliehene zurückzuerhalten, ist er nicht angewiesen. Hier zeigt sich, dass das Wort „Gerechtigkeit" *(zedaqah)* viele Bedeutungen kennt, und das schon in der Heiligen Schrift. Während im

Alten Testament die Rettung des Volkes und der Menschen dominiert, verlagert sich hin zum Neuen Testament[58] die Bedeutung auf „Erbarmen“[59]. Gerechtigkeit übt, wer dem Menschen „gerecht“ wird. Solches gilt in der biblischen Tradition zunächst innerhalb des Gottesvolks – als Staatsgrundgesetz ist diese biblische Ethik nicht geeignet.

Solches Erbarmen kann nur jener üben, der sich selbst „reich“ beschenkt weiß. Wo es sich um irdischen materiellen Reichtum handelt, leuchtet das leicht ein. Ist also das Erbarmen eine Tugend der Reichen?

Wenn man Jesu Gleichnis vom König und seinem korrupten Knecht folgt, dann rückt noch eine andere Form von „Reichtum“ in den Blick. Es ist die Erfahrung, im Voraus zu unserem eigenen Tun in der eigenen Armut von Gott her reich beschenkt zu sein: und das in großer Fülle. Und aus diesem uns zuvorkommenden Erbarmen Gottes wird uns selbst Erbarmen in Gottes Art zugemutet: *Du elender Diener! Deine ganze Schuld habe ich dir erlassen, weil du mich so angefleht hast. Hättest nicht auch du mit jenem, der gemeinsam mit dir in meinem Dienst steht, Erbarmen haben müssen, so wie ich mit dir Erbarmen hatte? (Mt 18,32f)*

Im Voraus von Gott beschenkt zu sein: Meint das auch, an Gottes Überfülle teilzuhaben? In der Tradition christlicher Spiritualität liegt in dieser Erfahrung, dass Gott sich in seiner Fülle uns schenkt – und das nicht nur in dieser Weltzeit –, der Grund für einige überraschende Lebensformen:

Der evangelische Rat der Armut, in den Ordensgelübden einer der drei Räte, lebt aus dieser Erfahrung des Beschenktseins. Der Mensch braucht seinen Selbstwert nicht aus dem Anhäufen von Gütern zu beziehen, weil Gott selbst Wert und Würde jedes Menschen begründet. In der Teilhabe am Reichtum Gottes kann der Mensch „arm" und bedürfnislos sein und damit sowohl solidarisch wie voll von Erbarmen. Er ist nicht mehr genötigt zu einem „Lebensstil krampfhafter Selbstbehauptung"[60], sondern frei zu solidarischer und barmherziger Liebe.

Eine Ahnung vom Reichtum eines armen Lebens enthält auch das heute sich ausbreitende Interesse an *lessness*[61] und *simplify your life*[62]. Einfacher und weniger: Das macht den Menschen unabhängiger von Selbstwert, den man sich von außen holt, und stärkt jenen Selbstwert, den jeder Mensch als von Gott Geliebter in sich trägt. Dieser Wert in sich kommt aber nicht aus dem Menschen selbst, sondern ist geschenkt. Wer innerlich reich ist, braucht keinen (äußeren) Reichtum. Das ermöglicht eine Spiritualität der offenen Augen, der engagierten Hände: also eine Spiritualität des Erbarmens.

Offene Augen und Ohren

Eine Spiritualität des Erbarmens ist eine Spiritualität der offenen Augen und der offenen Ohren. In einer Gesellschaft, die vom Elend der Armen mehr wegschaut als hinschaut, ist eine solche Spiritualität auch von hoher politischer und sozialer Bedeutung. Achtsam wahrnehmen, wie es den anderen geht. „Aug und Ohr zu sein" für das Elend der Ausgebeuteten und Unterdrückten, was das Alte Testament ausdrücklich von Gott sagt: *Gesehen, ja gesehen habe ich das Elend meines Volkes in Ägypten, gehört, ja gehört habe ich die laute Klage über ihre Antreiber. Ich kenne ihr Leid* (Ex 3,7).

Es ist ein Markenzeichen der Menschen des Erbarmens, dass sie vom Leid der anderen nicht wegschauen, sondern hinschauen. Dazu gehört aber nicht nur das bloße oberflächliche Wahrnehmen, sondern auch das Ausloten der Ursachen des Elends und der Armut. Nicht umsonst leisten sich Kirchen in Europa Hilfswerke (in Deutschland Renovabis, Adveniat, Misereor, Brot für die Welt, Bruder in Not etc.), die nicht nur helfen, sondern auch das Hinschauen schulen und die Ursachen der Not aufdecken und ins Bewusstsein der Menschen rufen.

Compassion: Mitleiden

Ich empfinde furchtbaren Schmerz,
wenn ich auf die Leiden meiner Nächsten schaue.
Alle Leiden meiner Nächsten
finden in meinem Herzen einen Widerschein.
Ihre Qualen trage ich dermaßen im Herzen,
dass ich sogar physisch ausgemergelt bin.
Ich wünschte, dass alle Qualen über mich kämen,
um meinen Nächsten dadurch
Linderung zu verschaffen.

Faustina Kowalska[63]

Das Hinschauen ist der erste Schritt. Das Einfühlen in die Lage der Armen ist der zweite. In den biblischen Texten ist es die innere Erschütterung in den „Eingeweiden", in der Tiefe der Person. Mitleid ist alltagssprachlich gesehen ein zu schwaches Wort dafür. Denn als „Mitleid" wird schon verstanden, dass jemand im Lehnstuhl vor dem Fernsehen sitzt, das Elend der Flüchtlinge anschaut und sein Scheckbuch zückt, damit diese

Flüchtlinge nicht zu uns kommen und er mit ihnen praktisch nichts zu tun hat. Solches „Mitleid" verhindert geradezu mitleiden: Und das ist gemeint. „Mitleid" als hymnische Ausrede vor persönlichem Engagement? Natürlich ist damit nichts gegen die Spenden gesagt, weil auch das Geld benötigt wird. Der Mensch des Erbarmens ist aber kein Mensch des Scheckbuchs (allein), sondern vor allem einer, der sein Herz verschenkt.

Der Theologe Johann B. Metz hat wegen der verlorenen Kraft des Wortes Mitleid den englischsprachigen Begriff *compassion* ins Spiel gebracht.[64] Im Englischen trägt dieses Wort „Passion", Leid, leiden in sich. Übersetzt werden könnte es mit „mitleiden" oder auch als Hauptwort „Mitleiden".[65]

Den Unterschied zwischen „Mitleid" und „Mitleiden" kann man an zwei biblischen Bildern erhellen. Sie stammen aus dem Kreuzweg, den Jesus nach Golgota außerhalb der Stadt Jerusalem gegangen ist. Da geht er an weinenden Frauen vorbei. Diese stehen klagend am Rand des Kreuzwegs. Dann aber wird von einem Mann aus Cyrene berichtet, namens Simon. Man zwingt ihn, unter das Kreuz zu treten und dieses mitzutragen.

In der Spiritualität der armen Kirchen haben sich dafür einige Erfahrungen und entsprechende Bildworte entwickelt. Von einer *exposure* ist die Rede: dass man sich dem Leid der anderen teilnehmend aussetzt. Ein anderes Wort ist *immersion*: Eintauchen in das Leid der Armen. In Teilen der Weltkirche haben sich in den letzten Jahren „Exerzitien in Solidarität" entwickelt als Ergänzung zu den „Exerzitien im Alltag", die mehr eine geistliche Arbeit an sich selbst darstellen. Verwoben werden hier Mystik und Politik, Kontemplation und Aktion, in Gott eintauchen und neben den Armen (mit Gott) auftauchen.

Ziel solcher spiritueller Übungen, Sinn der Grundhaltung von compassion, ist aber nicht das Gefühl, die innere Bewegtheit, sondern aus diesem entspringend erbarmungsvolles Tun. Werke sind gleichsam die Veröffentlichung der inneren Haltung. Damit sind nicht Werke der Selbstgerechtigkeit gemeint, schon gar nicht, dass sich der Mensch durch Werke vor Gott rechtfertigen kann. Es geht vielmehr um Taten, die die innere Haltung sichtbar machen. Unmissverständlich mahnt diesbezüglich der Jakobusbrief:

Meine Brüder, was nützt es, wenn einer sagt, er habe Glauben, aber es fehlen die Werke? Kann etwa der Glaube ihn retten? Wenn ein Bruder oder eine Schwester ohne Kleidung ist und ohne das tägliche Brot und einer von euch zu ihnen sagt: Geht in Frieden, wärmt und sättigt euch! Ihr gebt ihnen aber nicht, was sie zum Leben brauchen – was nützt das? So ist auch der Glaube für sich allein tot, wenn er nicht Werke vorzuweisen hat.
Nun könnte einer sagen: Du hast Glauben und ich kann Werke vorweisen; zeig mir deinen Glauben ohne die Werke und ich zeige dir meinen Glauben aufgrund der Werke. Du glaubst: Es gibt nur den einen Gott. Damit hast du Recht; das glauben auch die Dämonen und sie zittern. Willst du also einsehen, du unvernünftiger Mensch, dass der Glaube ohne Werke nutzlos ist? Wurde unser Vater Abraham nicht aufgrund seiner Werke als gerecht anerkannt? Denn er hat seinen Sohn Isaak als Opfer auf den Altar gelegt. Du siehst, dass bei ihm der Glaube und die Werke zusammenwirkten und dass erst durch die Werke der Glaube vollendet wurde. So hat sich das Wort der Schrift erfüllt: Abraham glaubte Gott, und das wurde ihm

als Gerechtigkeit angerechnet, und er wurde Freund Gottes genannt.
Ihr seht, dass der Mensch aufgrund seiner Werke gerecht wird, nicht durch den Glauben allein. Wurde nicht ebenso auch die Dirne Rahab durch ihre Werke als gerecht anerkannt, weil sie die Boten bei sich aufnahm und dann auf einem anderen Weg entkommen ließ? Denn wie der Körper ohne den Geist tot ist, so ist auch der Glaube tot ohne Werke. (Jak 2,14–26)

Werke: Das meint konkret eintreten und nicht nur auftreten, Taten und nicht nur Worte. Natürlich sind Sozialworte der Kirchen nützlich. Sie tragen dazu bei, dass die Grundhaltung nicht nur der Solidarität, sondern auch des Erbarmens gestärkt wird. Sie reden prophetisch ins Gewissen. Aber sie ersetzen nicht das Tun der Christinnen und Christen in persönlichen wie in gemeinschaftlichen Projekten. Sie ersetzen nicht das politische Engagement selbst an jenen Stellen der Gesellschaft, wo Menschen mit Gestaltungsmacht zu Gunsten der Gemeinschaft betraut sind: in der Wirtschaft, in der Arbeit, in den Medien, in der Bildung, in Kunst und Kultur, in der Politik – national wie auch immer mehr international.

Werke der Barmherzigkeit

Im persönlichen Bereich spielen in der zwei Jahrtausende alten christlichen Tradition die Werke der Barmherzigkeit eine Rolle. Sie geben eine Anweisung, wie sich die Grundhaltung des Erbarmens in Taten ummünzen kann.

Diese Thematik ist schon dem Alten Testament nicht fremd. So heißt es im Buch Jesaja mit Blick auf das Fasten der Frommen:

Warum fasten wir und du siehst es nicht? Warum tun wir Buße und du merkst es nicht? Seht, an euren Fasttagen macht ihr Geschäfte und treibt alle eure Arbeiter zur Arbeit an. Obwohl ihr fastet, gibt es Streit und Zank und ihr schlagt zu mit roher Gewalt. So wie ihr jetzt fastet, verschafft ihr eurer Stimme droben kein Gehör. Ist das ein Fasten, wie ich es liebe, ein Tag, an dem man sich der Buße unterzieht: wenn man den Kopf hängen lässt, so wie eine Binse sich neigt, wenn man sich mit Sack und Asche bedeckt? Nennst du das ein Fasten und einen Tag, der dem Herrn gefällt? Nein, das ist ein Fasten, wie ich es liebe: die Fesseln des Unrechts zu lösen, die Stricke des Jochs zu entfernen, die Versklavten freizulassen, jedes Joch zu zerbrechen, an die Hungrigen dein Brot auszuteilen, die obdachlosen Armen ins Haus aufzunehmen, wenn du einen Nackten siehst, ihn zu bekleiden und dich deinen Verwandten nicht zu entziehen. Dann wird dein Licht hervorbrechen wie die Morgenröte und deine Wunden werden schnell vernarben. Deine Gerechtigkeit geht dir voran, die Herrlichkeit des Herrn folgt dir nach. Wenn du dann rufst, wird der Herr dir Antwort geben, und wenn du um Hilfe schreist, wird er sagen: Hier bin ich. Wenn du der Unterdrückung bei dir ein Ende machst, auf keinen mit dem Finger zeigst und niemand verleumdest, dem Hungrigen dein Brot reichst und den Darbenden satt machst, dann geht im Dunkel dein Licht auf und deine Finsternis wird hell wie der Mittag. Der Herr wird dich immer führen, auch im dürren Land macht er dich satt und stärkt deine Glieder. Du gleichst einem bewässerten Garten, einer Quelle, deren Wasser niemals versiegt. (Jes 58,3–11)

Die neutestamentliche biblische Quelle ist die Gerichtsszene im 25. Kapitel des Matthäusevangeliums:

Wenn der Menschensohn in seiner Herrlichkeit kommt und alle Engel mit ihm, dann wird er sich auf den Thron seiner Herrlichkeit setzen. Und alle Völker werden vor ihm zusammengerufen werden und er wird sie voneinander scheiden, wie der Hirt die Schafe von den Böcken scheidet. Er wird die Schafe zu seiner Rechten versammeln, die Böcke aber zur Linken.
Dann wird der König denen auf der rechten Seite sagen: Kommt her, die ihr von meinem Vater gesegnet seid, nehmt das Reich in Besitz, das seit der Erschaffung der Welt für euch bestimmt ist. Denn ich war hungrig und ihr habt mir zu essen gegeben; ich war durstig und ihr habt mir zu trinken gegeben; ich war fremd und obdachlos und ihr habt mich aufgenommen; ich war nackt und ihr habt mir Kleidung gegeben; ich war krank und ihr habt mich besucht; ich war im Gefängnis und ihr seid zu mir gekommen.
Dann werden ihm die Gerechten antworten: Herr, wann haben wir dich hungrig gesehen und dir zu essen gegeben, oder durstig und dir zu trinken gegeben? Und wann haben wir dich fremd und obdachlos gesehen und aufgenommen, oder nackt und dir Kleidung gegeben? Und wann haben wir dich krank oder im Gefängnis gesehen und sind zu dir gekommen? Darauf wird der König ihnen antworten: Amen, ich sage euch: Was ihr für einen meiner geringsten Brüder getan habt, das habt ihr mir getan. (Mt 25,31–40)

Es fällt auf, dass es in dieser Erzählung vom Weltgericht nicht so sehr um die Einzelnen geht. Vielmehr werden Völker vor das Gericht gezogen.

Jesus geht es darum, dass Barmherzigkeit geübt wird, und zwar hier und jetzt – und das rettet. Nicht Frömmigkeit zählt, sondern Erbarmen. Dabei zielen die biblischen Texte auf ein Verhältnis zu den eigenen Glaubensbrüdern. Die „Geringsten unter den Brüdern" sind jene aus der jesuanischen Nachfolgegemeinschaft. Die christliche Tradition hat allerdings nach und nach den Horizont auf die ganze Welt geweitet. Der unvergessliche Theologe Karl Rahner vertrat die Position, dass wir alle, auch die Glaubenden, zunächst im „atheistischen Modus" gerettet werden – indem wir absichtslos den Nächsten, den Menschen neben uns und darunter die Armen lieben.[66] Absichtslose Liebe bildet die Grundlage der Heilschancen aller Menschen einschließlich der Atheisten, wie das Konzil hoffte:

„Die göttliche Vorsehung verweigert auch denen das zum Heil Notwendige nicht, die ohne Schuld noch nicht zur ausdrücklichen Anerkennung Gottes gekommen sind, jedoch, nicht ohne die göttliche Gnade, ein rechtes Leben zu führen sich bemühen. Was sich nämlich an Gutem und Wahrem bei ihnen findet, wird von der Kirche als Vorbereitung für die Frohbotschaft und als Gabe dessen geschätzt, der jeden Menschen erleuchtet, damit er schließlich das Leben habe." (Zweites Vatikanisches Konzil: Lumen gentium 16)

Worin solch rettendes Erbarmen bestehen kann, konkretisiert Jesus in der Gerichtsrede, indem er sechs einzelne Werke aufzählt. Im Mittelalter hat man sie um ein weiteres Werk ergänzt[67], um sie auf die heilige Zahl Sieben[68] abzurunden. Zudem wurden neben die sieben Werke der leiblichen Barmherzigkeit ebenso viele der geistigen Barmherzigkeit gesetzt.

- Die *leiblichen* Werke der Barmherzigkeit sind: Hungrige speisen, Durstige tränken, Nackte bekleiden, Fremde beherbergen, Kranke und Gefangene besuchen und (später hinzugefügt) Tote begraben. Im Mittelalter schon wurden diese sieben Werke in einem lateinischen Hexameter zum leichteren Merken gebündelt: *Visito, poto, cibo, redimo, tego, colligo, condo.*

- Die geistigen Werke der Barmherzigkeit sind: Unwissende belehren, Zweifelnden raten, Trauernde trösten, Sünder zurechtweisen, dem Beleidiger verzeihen, Unrecht ertragen und für die Lebenden und Toten beten. Auch dafür gibt es einen Merkvers: *Instrue, castiga, solare, remitte, fer, ora.*[69]

Der Kirchenlehrer Johannes Chrysostomus sieht beide Reihen von Werken in enger Beziehung: „In der Kirche gibt es nicht nur leiblich Arme, nicht nur solche, deren Leib hungrig ist oder die leiblich obdachlos sind. Es gibt auch geistlich Arme: ohne die Speise der Gerechtigkeit, ohne den Trank der Gotteserkenntnis, solche, die das Kleid Christi entbehren. ... Es gibt Fremdlinge, deren Herz obdachlos ist, solche, deren Mut schwach und hinfällig ist, geistig Blinde, in ihrem Ungehorsam Taube, und Leute, die an verschiedenen geistlichen Krankheiten leiden und so krank sind, dass ihnen vor jeder Art geistlicher Nahrung graust."[70]

Als Gegenstück zu den sieben leiblichen Werken der Barmherzigkeit gelten die sieben Todsünden Stolz, Neid, Zorn, Geiz, Unmäßigkeit, Unkeuschheit und Trägheit des Herzens.

Die leiblichen Werke der Barmherzigkeit in ihrer Urform beziehen sich auf den Erfahrungshorizont jener Menschen, die Jesus zuhörten. Sie sind damit zeitlich bedingt, wenngleich unüberholt, weil es sich um menschliche Grundbedürfnisse handelt wie essen, trinken, kleiden, wohnen, gesund sein. Sie haben das Leben der Christinnen und Christen, aber auch kirchlichen Gemeinden und Gemeinschaften bestimmt. Unterstützt wurde das Üben der Werke der Barmherzigkeit durch die Kunst.[71] Orden haben sich um sie herum gebildet, vor allem Frauen-, aber auch Männerorden. Im kirchlichen Alltag sind sie in der Caritas/Diakonie institutionalisiert worden. Sie werden von diesen Einrichtungen der Kirchen mit hoher Professionalität vollbracht. Diese Verbindung von Professionalität und der Spiritualität des Erbarmens ist ihr Markenzeichen. Dadurch unterscheiden sich karitative Einrichtungen der Kirchen von den profanen Einrichtungen professionellen Helfens, wenngleich es auch in diesen viele Menschen gibt, denen die Tugend des Erbarmens angeboren zu sein scheint.

Taten und Strukturen des Erbarmens

Über die bewährte Arbeit von Caritas/Diakonie hat sich die Praxis des Erbarmens weiterentwickelt. Sie wurde nicht nur professioneller, sondern auch politischer. Jetzt geht es nicht mehr nur darum, den Opfern des Unrechts so zu helfen, dass sie über die Forderung der Gerechtigkeit hinaus menschenwürdig leben können. Vielmehr sind die Ursachen der Armut immer mehr in den Mittelpunkt gerückt. So wie es eine *rehabilitative* Praxis des Erbarmens gibt, findet sich heute auch eine *präventive* Praxis des Erbarmens: Diese heilt nicht, sondern beugt vor. Nicht die Opfer des Unrechts werden versorgt, sondern es soll verhindert werden, dass es morgen solche erbarmungswürdige Opfer des Unrechts gibt. Dazu sollen gerechte Strukturen aufgebaut werden.

Werke der Barmherzigkeit haben, so diese wenigen Beispiele, unterschiedliche Dimensionen:

- Eine erste Dimension: Sie sind eine Antwort auf Herausforderungen der heutigen Zeit.[72] In ein Bild aus der Musik gesetzt: So sehr es bei den einzelnen Werken jeweils ein gleichbleibendes Grundthema gibt, finden sie in jeder Zeit eine andere Variation.
- Eine weitere Dimension: die Werke fordern den einzelnen Menschen heraus, sie fordern zugleich auch die Gemeinschaft der Menschen. Sie sind also individuell wie kollektiv, privat wie politisch.

Im Folgenden versuche ich eine Art Update der Werke der Barmherzigkeit: vorrangig der leiblichen, aber dann auch der geistigen. Letztere gewinnen gerade in „postmaterialistischen" Kulturen eine überraschende Bedeutung. So werde ich beispielsweise fragen, was es heute bedeutet, Dürstende zu tränken angesichts des vorhersehbaren Mangels an trinkbarem Wasser auf der eins werdenden Erde. Oder ich gehe der Bedeutung von Versöhnung nach – in einer Welt, die an ihrer Unversöhnlichkeit zu zerbrechen droht. Das persönliche Tun und die erforderliche politische Praxis werden – weil letztlich unentflechtbar – ineinander verwoben.

Hungernde atzen – Hunger der Welt

Jeder hat das Recht auf einen Lebensstandard, der seine und seiner Familie Gesundheit und Wohl gewährleistet, einschließlich Nahrung, Kleidung, Wohnung, ärztliche Versorgung und notwendige soziale Leistungen ...

Allgemeine Erklärung der Menschenrechte der Vereinten Nationen von 1948 (Artikel 25).

Hunger gehört zu den Wunden der Welt. Das sind Zahlen des „World Food Programme“:

- „795 Millionen Menschen auf der Welt haben nicht genug zu essen. Die Zahl der Hungernden ist seit 1990 um 216 Millionen zurückgegangen. Das globale Millenniumsziel, die Zahl der Hungernden weltweit bis 2015 zu halbieren, kann jedoch nur mit größten internationalen Anstrengungen erreicht werden.
- Auf der Erde leben mehr als 7 Milliarden Menschen. Einer von neun Menschen weltweit muss jeden Abend hungrig schlafen gehen.
- Hunger ist das größte Gesundheitsrisiko weltweit. Mehr Menschen sterben jährlich an Hunger als an AIDS, Malaria und Tuberkulose zusammen.
- Die große Mehrheit der Hungernden (98 Prozent) lebt in Entwicklungsländern. Davon leben zirka 511 Millionen in Asien und der Pazifikregion, 232 Millionen in Afrika. Jedoch ist der Anteil der Hungernden an der Bevölkerung mit 20 Prozent in Afrika am höchsten.
- Unterernährung trägt jährlich zum Tod von 3,1 Millionen Kindern unter fünf Jahren bei – mehr als 45 Prozent aller Sterbefälle von Kindern weltweit.
- 162 Millionen Kleinkinder in Entwicklungsländern sind chronisch unterernährt. Jedes siebte Kind unter fünf Jahren ist weltweit untergewichtig.
- Jedes vierte Kind weltweit ist chronisch unterernährt und von „stunting“ beeinträchtigt, einer zu geringen Körpergröße und restlichen Entwicklung im Vergleich zu gesunden Gleichaltrigen. Die Folgen dauern ein Leben lang an.

- In Entwicklungsländern gehen 66 Millionen Vorschulkinder hungrig in die Schule, allein in Afrika sind es 23 Millionen."[73]

Neben Unterernährung leiden nicht wenige Menschen an Mangelernährung. Die Ernährung vieler Menschen in den Entwicklungsländern ist einseitig. Viele ernähren sich Tag für Tag ausschließlich von Reis, Mais, Weizen oder anderen Grundnahrungsmitteln. Sie enthalten zwar genug Nährstoffe, aber nicht das ganze Spektrum der Vitamine und Mineralstoffe, die ein Mensch benötigt. Wenn der Körper zu wenig Vitamine, Mineralstoffe oder Proteine erhält, hat das auf Dauer ernsthafte Folgen. Mangelernährung wird deshalb oft als „versteckter Hunger" bezeichnet.

Es ist höchste Zeit, Hunger, Unterernährung wie Mangelernährung weltweit politisch den Kampf anzusagen. Ein klares Signal dazu wurde von der Weltgemeinschaft zur Jahrtausendwende und 2015 mit Blick auf das Jahr 2030 upgedatet. Wörtlich wurde von den UN beschlossen: „Die aktuelle Lage: Klimawandel, Verschmutzung der Meere, Flucht aus der Heimat und Verlust der eigenen Ländereien – weltweit ist einer von neun Menschen der insgesamt 7,95 Milliarden umfassenden Bevölkerung unterernährt. Der asiatische Kontinent ist am stärksten betroffen. Knapp die Hälfte (45 Prozent) aller Kinder unter fünf Jahren stirbt jährlich aufgrund von Mangelernährung – das sind 3,1 Millionen. Wichtigstes der insgesamt acht Ziele gegen Hunger: Bis ins Jahr 2030 soll kein Mensch auf der Erde mehr an Hunger leiden."[74]

Hunger an den Wurzeln bekämpfen

Es ist gut, einem Hungernden einen Fisch zu geben. Es ist besser, ihn Fischen zu lehren. Diese alte Spruchweisheit gilt auch für die weltweite Antihungerpolitik. Es kann nicht darum gehen, rasch Nahrungsmittel in die Hunger-Regionen zu schicken. Das mag zwar kurzfristig (wie in Katastrophenfällen, Hungersnöten) helfen. Langfristig nützt es aber möglicherweise mehr den reichen Ländern, die ihre Nahrungsmittelüberschüsse verkaufen können, während die lokale Landwirtschaft eher Schaden leidet.

Eine vernünftige Politik gegen den Hunger braucht eine klarsichtige Analyse. Nach den Ursachen des Hungers ist zu forschen. Denn nachhaltig lässt sich Hunger nur dadurch bekämpfen, dass dessen Ursachen beseitigt werden. Diese liegen zu etwa 10% in Kriegen und Naturkatastrophen, zu etwa 90% ist hingegen Hunger die Folge von dauerhafter, strukturell bedingter Armut.

Kriege und Katastrophen

In kriegerischen Zeiten leidet die Nahrungsmittelproduktion. Äcker und Ernten werden zerstört. Oft bleiben nach Kriegen in den Böden Minen, was sie unbestellbar macht. In der Zeit nach Kriegen leiden die Bevölkerungen fast immer an Unterernährung. Flüchtlinge belasten zudem die Lebensmittelressourcen von Bevölkerungen, die an der Hungergrenze leben.

Ähnliche Folgen zeitigen Naturkatastrophen. Die Produktion von Nahrungsmitteln wird schlagartig unterbrochen. Katastrophen ziehen nicht selten eine wirtschaftliche Krise nach sich. Teile der Bevölkerung verarmen. Vorsorge für katastrophale Zeiten wird unmöglich. Der Teufelskreis schließt sich.

Strukturelle Armut
Weitaus mehr Hunger und Unterernähung verursacht strukturelle Armut.

Arme binden fast ihr gesamtes verfügbares Einkommen für Nahrungsmittel. Zumeist reicht dieses aber nicht aus, also können sie Nahrungsmittel erst gar nicht kaufen. Hungernde Menschen können kaum produktiv arbeiten. Hungernde Kinder lernen schlecht, erkranken. Bildung, Gesundheit, Armut und Hunger sind unentflechtbar miteinander verwoben. So ist der Weg solcher Kinder in bleibende Armut vorhersehbar.

Einige Ursachen für die Armut der Einzelnen liegen im eigenen Land. Oft sind die Arbeitslöhne so niedrig, dass sie nicht einmal für das Nötigste reichen. Korrupte Regierungen berücksichtigen einseitig nur die Interessen der Reichen. Es fehlt den Armen an Eigentums- und Nutzungsrechten für den Boden. Landwirtschaftlich nutzbarer Boden ist ungerecht verteilt. Es findet auch keine ländliche Entwicklung statt. Die Gesundheits- und Bildungspolitik versagt.

Aber nicht nur einzelne Menschen sind arm, sondern auch Nationen. Nur wenn die Staaten den Weg aus der Armut schaffen, haben längerfristig auch die Bevölkerungen dieser Staaten eine Chance, der Armut zu entrinnen. Auf diesem Weg aus der nationalen Armut sind aber eine Reihe von internationalen Hindernissen zu überwinden: Dazu zählen

- unfaire Wettbewerbsbedingungen im Weltagrarhandel: Die Interessen der Entwicklungsländer sind im Welthandelssystem unterrepräsentiert, durch hohe Agrarsubventionen in den reichen Ländern werden importierte Nahrungsmittel billiger und wird die landeseigene Produktion zerstört;

- arme Länder haben wegen des Protektionismus der Industrieländer für ihre Produkte keinen freien Zugang zum Weltmarkt; die nationalen Volkswirtschaften leiden darunter, damit verarmen die rasch wachsenden Bevölkerungen dieser Länder;
- schlechte wirtschaftliche und politische Rahmenbedingungen: Viele Entwicklungsländer sind hoch verschuldet. Ihre schrumpfenden Exporterlöse gehen in den Schuldendienst. Damit fehlen die Mittel für Investitionen in Gesundheit, Bildung und Infrastruktur – was Armut verschärft. An diesen Vorgängen sind die verarmten Bevölkerungen selbst nicht demokratisch beteiligt;
- zunehmende Umweltzerstörung verschärft die benachteiligte Lage vieler armer Länder. Die Bodenqualität verschlechtert sich rapid: Böden erodieren, die Wüste breitet sich aus, die fruchtbare Schicht wird durch Wind und Wasser abgetragen. Überweidung, Übernutzung, falsche Bewässerung und ungeeignete Anbaumethoden verschlechtern die Anbauflächen. Auch der Klimawandel wirkt sich nachteilhaft aus: Klimazonen verschieben sich, traditionelle Anbauflächen gehen verloren, die verarmte Landwirtschaft kann sich nicht rasch genug umstellen.

Leibliche Barmherzigkeit praktisch

Die Welt ist voller Bewunderung, wenn sich herausragende Persönlichkeiten wie Mutter Teresa aus Kalkutta und die Mitglieder des Ordens der Nächstenliebe um die Hungernden kümmern. Sie praktizieren das leibliche Werk der Barmherzigkeit gemeinschaftlich und damit geordnet und intensiv. Ähnliches gilt für Caritasausschüsse von Pfarrgemeinderäten.

In manchen Städten fahren Nacht für Nacht Kleinbusse von Anlaufstelle zu Anlaufstelle und bringen Obdachlosen warme Nahrung. Nicht wenige einzelne Personen geben Hungernden zu essen.

Solcher Einsatz realisiert das leibliche Werk der Barmherzigkeit, „Hungernde zu nähren". Vereinzelt sind dafür auch schon Personen heiliggesprochen worden.

Politische Heilige

Aber sollte die katholische Kirche nicht alsbald jemand heiligsprechen, der sich um eine neue Welthandelsordnung wirksam gemüht hat?

Ein solcher politischer Heiliger – oder eine Heilige – verschafft verarmten Hungernden Zugang zu Produktionsmitteln wie Boden, Saatgut und Wasser; er wird sich dafür einsetzen, dass die Menschen über ein ausreichendes Einkommen verfügen, um Nahrungsmittel kaufen zu können. Auf seinen politischen Zielsetzungen stehen Agrarreformen als eine Schlüssel-Maßnahme zur Umsetzung des Menschenrechts auf Nahrung. Er wird sich dafür einsetzen, dass das Recht auf Nahrung gegen Übergriffe Dritter geschützt wird.

Zu seinem politischen Programm gehören Erhöhung der Investitionen in Agrarforschung, Bewässerung, ländlichen Straßenbau, Wasserversorgung und Bildung. Er erarbeitet Förderprogramme für die Landwirtschaft und den ländlichen Raum und setzt sich gleichzeitig für den Schutz der natürlichen Ressourcen ein. Ein solcher politischer Heiliger geht davon aus, dass es manchmal nur einiger weniger und einfach zu bewerkstelligender Mittel braucht, um armen Menschen zu helfen, genügend Nahrung anzubauen und sich selbst zu versorgen.

Dazu gehören Qualitätssamen, richtiges Werkzeug und Zugang zu Wasser. Er wird sich also nicht nur um globale Politik, sondern auch um lokale Fördermaßnahmen kümmern: Denn gerade kleine Verbesserungen erweisen sich im Bereich Landwirtschaftstechnik und Lebensmittellagerung als hilfreich.

Unser politischer Heiliger wird also ein kundiger Hungerexperte sein. Letztlich wird ihn die Ansicht leiten, dass man Hunger nur durch Bildung reduzieren kann. Menschen mit Bildung, so weiß er, sind am ehesten in der Lage, aus dem Armutskreislauf auszubrechen, durch den Hunger verursacht wird.

Sein Ziel wird ein politischer Heiliger erreicht haben, wenn die international vereinbarten Kriterien der Hungerbekämpfung erfüllt sein werden: „Das Recht auf eine angemessene Ernährung ist dann realisiert, wenn alle Männer, Frauen und Kinder, alleine oder in Gemeinschaft mit anderen, zu jedem Zeitpunkt physischen und ökonomischen Zugang zu angemessener Nahrung oder den Mitteln zu ihrer Erlangung haben ..."[75]

Solch ein Heiliger – oder solch eine Heilige – kann nur werden, wer eine hohe Sachkompetenz erworben hat und sich zudem politisch einmischt. Er studiert vorrangig Wirtschaftswissenschaften wie Politikwissenschaft. Streben wird er danach, in internationalen Organisationen Fuß zu fassen: in der UNO, in deren Suborganisation für Welternährung, der FAO. Es ist ein hochpolitischer Heiliger.

Zugleich ist er in seiner Weise fromm. Die Frömmigkeit solch moderner politischer Heiliger wurzelt in einer tiefen Mystik. Geleitet wird diese vom gläubigen Wissen, dass es nur die eine Welt gibt, weil Gott der Einzige ist. Daher erfährt er alle Wesen in der einen Schöpfung in einer mystischen Tiefe miteinander verwoben. Das Leiden der anderen wird zu seinem eigenen Leiden. Das Tun des einen das Tun der anderen. Mit den Hungernden hungert er mit: nach Gerechtigkeit. Gerade solche Menschen preist Jesus selig (Mt 5,6).

Dürstende tränken – weltweiter Trinkwassermangel

Anmutig, geistig, arabeskenzart
scheint unser Leben sich wie das von Feen
in sanften Tänzen um das Nichts zu drehen,
dem wir geopfert Sein und Gegenwart.
Schönheit der Träume, holde Spielerei,
so hingehaucht, so reinlich abgestimmt.
Tief unter deiner heiteren Fläche glimmt
Sehnsucht nach Nacht, nach Blut, nach Barbarei.
Im Leeren dreht sich, ohne Zwang und Not,
frei unser Leben, stets zum Spiel bereit,
doch heimlich dürsten wir nach Wirklichkeit,
nach Zeugung und Geburt, nach Leid und Tod.
Hermann Hesse (Das Glasperlenspiel, 1932)

Es ist eigenartig: Es gibt in der deutschen Sprache kein Wort dafür, wenn jemand seinen Durst gestillt hat. Ist jemand hungrig und er isst, dann ist er satt. Der Versuch des Dudens, für den Zustand des gestillten Durstes *sitt* einzuführen, ist kläglich gescheitert.

Durst ist offensichtlich etwas, was den Menschen zuinnerst ausmacht. Solang er lebt, ist er durstig. Und das offensichtlich nicht nur leiblich, sondern rundum. Im geistigen und im spirituellen Bereich steht für diesen „Urdurst" des Menschen die Sehnsucht.

Gottesdurst

Meine Seele dürstet nach dir, so singt David in der Lebenswüste im Psalm der Gottessehnsucht (Ps 63,2). *Ach, wie pfleget mich zu dürsten, / nach dem Trank des Lebensfürsten! / Wünsche stets, dass mein Gebeine, / sich durch Gott mit Gott vereine,* so der geistliche Hymnendichter Johann Franck aus Brandenburg im Jahre 1649. Gottesdurst und Gotteshunger machen den Menschen aus. Sollte Durst eben deshalb unstillbar sein? Trägt er eine Ahnung von Ewigkeit in sich? Drückt es nicht in berührender Weise aus, was der Mensch ist, wenn der Menschensohn am Kreuz am Ende seines Leidens ruft: *Mich dürstet!* (Joh 19,28)? Jedenfalls bleibt dem Menschen sein maßloser Seelendurst auch dann, wenn er diesen nicht mehr an einen tränkenden Gott binden kann.

Wasser

Beim leiblichen Werk der Barmherzigkeit „Dürstende tränken" geht es handfest um das Urlebensmittel Wasser. Ohne dieses kann der Mensch nicht überleben. Der menschliche Körper besteht zu 60 bis 70% aus Wasser, hinzu kommen 20% Proteine, 15% Fette und 5% Minerale und anorganische Stoffe. Austrocknen ist daher lebensgefährlich. Viele Menschen verhungern, noch mehr verdursten.

Wie lebenswichtig Wasser ist, zeigen mythologische wie religiöse Traditionen. Wasser gehört neben Feuer, Luft und Erde zu den vier Elementen (Empedokles, Aristoteles). Es wird unter den fünf „Wandlungsaspekten" des Taoismus aufgeführt (neben Holz, Feuer, Erde, Metall). Religionen feiern die reinigende Kraft des Wassers in Ritualbädern. Der fromme Muslim wäscht seine Füße vor dem Betreten der Moschee, der Hindu badet im Ganges. Die Juden haben ein Ritualbad (*Mikwe*), in dem jemand nach Möglichkeit untertaucht, um rituell gereinigt aufzutauchen. Dasselbe geschieht in der christlichen Taufe, deren Vorbild das Untertauchen Jesu im Jordan ist und an die durch das Besprengen mit Weihwasser erinnert werden soll.

Hohe Aufmerksamkeit genießt Wasser in der zeitgenössischen Esoterik. Es gilt als Informationsträger, werde also „formatiert" und in seiner Struktur verändert: Die Wasserkristalle sehen anders aus je nach der Musik, die während des Vorgangs gespielt wird (*Masuru Emoto*). Das führte zur Annahme, dass Wasser belebt sei (vgl. auch Viktor Schauberger und Wilfried Hacheney).

Ohne Wasser gibt es also kein Leben. Und umgekehrt: Wo Wasser ist, kann Leben entstehen.

Wassermangel

Wir leben in Europa in einer Weltregion, wo jede und jeder leicht Zugang zu trinkbarem Wasser findet. Das ist aber in anderen Erdteilen keineswegs der Fall. 1,2 Milliarden Menschen haben keinen Zugang zu ausreichend Trinkwasser.[76] In Entwicklungsländern müssen Frauen und Mädchen oft kilometerweit bis zur nächsten Wasserstelle gehen. Die von den Vereinten Nationen geforderte Grundversorgung von 50 Litern Trinkwasser pro Person und Tag wird vor allem in den ländlichen Gebieten Afrikas, Lateinamerikas und Asiens nur unzureichend gewährleistet: Während im Jahr 2000 in den USA 280 und in Deutschland 130 Liter Haushaltswasser pro Kopf und Tag verbraucht wurden, waren es in Gambia und Haiti nur drei und in Albanien neun Liter.

Trinkwasser wird in den Entwicklungsländern aus verschiedenen Gründen knapp. Eine der Ursachen der Wasserknappheit liegt in der wasserintensiven Plantagen- und Tierwirtschaft: Für die Erzeugung von einem Kilo Rindfleisch werden rund 16000 Liter Wasser benötigt, für die gleiche Menge Zitrusfrüchte etwa 1000 Liter. Die Erzeugnisse sind vor allem für den Export bestimmt. Die Landwirtschaft schluckt 70% des weltweit verbrauchten Wassers. Seit 1940 hat sich der Wasserverbrauch verdreifacht – und er steigt bei wachsender Weltbevölkerung weiter.

Bedrohlich ist aber für viele, vor allem für Kinder, nicht nur das fehlende Trinkwasser, sondern dessen Verunreinigung. Wo Entsorgungssysteme fehlen, kann das Wasser verseucht sein. Tausende Kleinkinder sterben täglich an verunreinigtem Wasser.

Weltweit wird heute daran gearbeitet, dass alle Menschen genug Wasser zum Trinken haben. Das Recht auf Wasser gilt als Menschenrecht. Auf dem Milleniumsgipfel haben sich die Mitgliedstaaten der Vereinten Nationen zum Ziel gesetzt, die Zahl der Menschen ohne Zugang zu Trinkwasser bis 2015 zu halbieren.[77] Dazu müssten täglich rund 300000 Menschen einen Trinkwasseranschluss erhalten.

Um diesem Versprechen praktisch zum Durchbruch zu verhelfen, empfiehlt die Welthandelsorganisation (WTO) die Liberalisierung des Wassermarkts. Durch das Wechselspiel von Angebot und Nachfrage soll sich der Ausbau von Versorgungssystemen durch private Unternehmen beschleunigen. Ob dieser Weg zielführend ist, wird von Kritikern bezweifelt. Wasser werde – zumindest solange es knapp ist – nur dort fließen, wo die höheren Preise bezahlt werden. So hat sich in der philippinischen Hauptstadt Manila seit der Privatisierung der Preis für Wasser vervierfacht. In die Slums sind jedoch noch keine Wasseranschlüsse verlegt worden.[78] In den Armenquartieren der Städte sind die Menschen auf Trinkwasser aus der Flasche angewiesen. Mehr als 90 Milliarden Liter werden jedes Jahr abgefüllt. Der Preis für Flaschenwasser ist aber höher als der für Milch, Wein oder Öl.

Dürsten nach Gerechtigkeit

Weltweit sind also noch große Herausforderungen zu meistern, soll das Ziel auch nur annähernd erreicht werden, den Durst zu bekämpfen und so das Überleben vieler vom Verdursten Bedrohter zu sichern. Es braucht dazu enorme politische und in der Folge ökonomische Anstrengungen.

Es wäre zielführend, würden bei uns Parteien danach gewählt werden, ob sie sich nachhaltig um Trinkwasser für alle auf der einen Welt kümmern. Dies wiederum könnte geschehen, gäbe es ein angemessenes Bewusstsein für diese Frage. Die christlichen Kirchen und ihre Hilfswerke – und nicht nur diese – haben sich solcher Bewusstseinsbildung verschrieben. Sie gewinnen damit Menschen für den Weg der Seligpreisungen, den Jesus seinen Jüngerinnen und Jüngern gewiesen hat: *Selig, die hungern und dürsten nach der Gerechtigkeit; denn sie werden satt werden* (Mt 5,6).

Dürstende tränken bedeutet daher heute zuallererst, sich umzusehen, Bescheid zu wissen über den globalen Zusammenhang von Überleben und Trinkwasser, mit offenen Augen wahrzunehmen, wo die vom Verdursten bedrohten Regionen sind.

Natürlich werden wir dann auch von unserem Reichtum Mittel binden, durch staatliche Entwicklungszusammenarbeit wie durch private Spenden, um Projekte zur Trinkwasserversorgung zu finanzieren und zugleich auch durch den Ausbau von Entsorgungssystemen das knappe Trinkwasser vor todbringender Verunreinigung zu bewahren.

Fremde beherbergen – Migration

Fremdenfeindlichkeit ist in vielen Ländern Europas verbreitet. Es herrscht latent eine Fremdenscheu, eine Art „defensiver Rassismus". Befremdlich erscheinen in vielen Bevölkerungen:

- Personen, die von der gängigen Lebensart *abweichen*: Drogenabhängige, Straffällige, Betrunkene, psychisch Kranke, AIDS-Kranke.
- Dazu kommen als weitere Gruppen die *Rechts-* oder *Linksextremen*.
- Schließlich gelten in Europa *Fremdartige* als befremdlich: Hindus, Muslime, Juden, Personen mit anderer Hautfarbe (etwa Afrikaner), Kinderreiche, Ausländer.

Insbesondere das Verhältnis der Bevölkerungen zu Ausländern ist in modernen Gesellschaften Europas ein politisches Thema geworden. Das hat zwei Gründe: Auf der einen Seite brauchen die kinderarmen überalterten Bevölkerungen Arbeitskräfte, welche die Wirtschaft und damit auch das sozialstaatliche System aufrechterhalten. Auf der anderen Seite hat ein „globaler Marsch" eingesetzt. Migration nimmt weltweit zu. Experten gehen davon aus, dass wir mit dieser wachsenden Migration schöpferisch leben lernen müssen – es gebe keine Alternative dazu:

„Es ist klar, dass keine Maßnahmen die Einwanderungsbewegung wirkungsvoll stoppen werden. Dies könnte zu einer deutlichen Verschärfung des defensiven Rassismus in den Zielländern führen und bei allgemeinen Wahlen rechtsgerichteten Diktatoren zur Macht verhelfen. Dazu darf es nicht kommen. Deshalb kommt es nicht nur darauf an, die Entwicklungshilfe für die armen Länder zu erhöhen; ebenso wichtig ist es, die Bevölkerung der reichen Länder darauf vorzubereiten, diese Tatsache zu akzeptieren."[79]

Das leibliche Werk der Barmherzigkeit erhält damit – ins Politische gewendet – eine moderne Dringlichkeit.

Migration und ihre Ursachen

Das Gesicht der Migration wandelt sich zurzeit. Sie wird global, beschleunigt sich, betrifft immer mehr neben den arbeitsfähigen Männern Frauen und Kinder.[80]

Die Ursachen für die vorhersehbar wachsende globale Wanderbewegung sind

- *Massenarmut*, die aus einem Gemenge von fehlender Bildung, (zu) rasch wachsender Bevölkerung und verkehrten globalen Wirtschaftsordnungen entsteht;
- *Umweltbelastungen*, die mit dem Klimawandel ebenso zusammenhängen wie mit der Überwirtschaftung schrumpfenden Ackerlands;
- *Erosion der Werte*, wobei das schwindende Heimatgefühl Migration erleichtert;
- und nicht zuletzt die *Attraktivität der reichen Weltteile*, deren opulenter Lebensstil medial bis in die letzte Armutsregion anschaulich gezeigt wird.

- Dazu kommen *Naturkatastrophen und kriegerische Auseinandersetzungen*, welche Teile der Bevölkerung aus ihrer Heimat aufbrechen lassen.

Doppelherausforderung

Solche anwachsenden globalen Wanderbewegungen enthalten eine doppelte Herausforderung – eine kulturelle wie eine soziale.

Kulturell: Wenn Menschen (in Gruppen) auf Wanderschaft gehen, wandern mit ihnen Lebensgewohnheiten, Weltdeutungen, moralische Normen, Rituale – kurzum Kulturen. Die Migranten leben dann mit Einheimischen im gleichen Raum. Wie begegnen sich die einheimische und die ankommende Kultur? Kommt es zur Durchmischung? Zur kulturellen Gettoisierung? Oder zur Ausbildung einer „Leitkultur" mit dem Ergebnis, dass die ankommende Kultur längerfristig durch Assimilation vergehen wird?

Sozial: Hier stellt sich die Frage, wie es angesichts des Wanderdrucks zu sozial gerechten Maßnahmen kommen kann. Diese Frage verschärft sich in Zeiten der Knappheit, dann also, wenn die Aufnahmeländer selbst mit sozialen Problemen ringen. Das ist aber heute in den meisten reichen Nationen der Fall. Die gut ausgebauten sozialstaatlichen Systeme sind durch eine ungestaltete Globalisierung in eine Finanzierungskrise gekommen. Arbeitslosigkeit ist ein Symptom dieser gesellschaftlichen Umbaukrise. Wie können Länder mit eigenen sozialen Herausforderungen zusätzlich Fremde aufnehmen? Nehmen diese nicht den eigenen Leuten die Arbeit weg? Es fällt auf, dass in solchen Situationen die an sich auf Internationalität bedachte Arbeiterbewegung auf nationale Interessen setzt.

Selbst im Zuge der Erweiterung der Europäischen Union in Richtung Ost-(Mittel-)Europa wurde das europäische Grundrecht auf Freizügigkeit wegen verbreiteter Arbeitsplatzängste in vielen alten Ländern zumindest für eine Übergangszeit ausgesetzt.

Dennoch: Wenn es keine Alternative zum „globalen Marsch“[81] gibt – wie können dann diese beiden Herausforderungen gemeistert werden?

Was zu tun wäre

In einer solchen komplexen Lage wird es nicht ausreichen, in den Zielländern der Wanderung fromme Aufnahmeappelle zu erlassen. Ebenso würde die Forderung nach mehr Entwicklungshilfe allein auch nicht ausreichen. Vielmehr verlangt die komplexe Lage nach einer ebenso komplexen Politik – in den Quellländern wie in den Zielländern des globalen Marsches.

In den *Quellländern*: Hier braucht es *wirtschaftliche* Maßnahmen wie Entschuldung, Kapitalzufluss, Öffnung der Märkte, Technologietransfer, Umweltentlastung, Einbremsen des Bevölkerungswachstums durch Verminderung der Verarmung. Dazu kommen *politische* Maßnahmen wie Demokratisierung, Ausbau der Menschenrechte, Minderheitenschutz.

In den *Zielländern*: Die benötigten Maßnahmen – so auch die von Johannes Paul II. formulierte Position der katholischen Kirche – haben drei Dimensionen.

- Da ist die *politische* Seite – es braucht eine offensiv gestaltete und sozial gerechte Migrationspolitik.
- Dazu kommt eine *moralische* Seite: Zu entwickeln ist die Tugend der Solidarität. Aber auch die Änderung des Lebensstils in den reichen Ländern des Nordens der Erde zählt dazu.

- Schließlich die *kulturelle* Dimension: Zu erreichen ist eine produktive Auseinandersetzung mit dem Fremden. Hier kann bei der Tiefenpsychologie gelernt werden: Ist mir ein Fremder, der mir begegnet, fremd, dann gibt es auch in meinem Inneren etwas, von dem ich (noch) entfremdet bin. Fremdenangst ist dann eine Art Selbstangst, Fremdenhass eine Form von Selbsthass. Die Begegnung mit dem Fremden ist zugleich immer auch Begegnung mit mir selbst.
  Zudem ist das Konzept von Kultur zu dynamisieren. Kultur ist in steter Entwicklung. Viele europäische Kulturen verdanken ihren Reichtum der andauernden Begegnung mit anderen Kulturen – der Lebensraum der österreichischen K.-u.-k.-Monarchie ist ein Beleg dafür.
  Ein Moment an einer friedvollen Migrationspolitik ist daher ein dynamisches Kulturkonzept, das nicht auf defensiven Rassismus setzt, sondern auf kreative Begegnung. Kulturelle Anreicherung wird erhofft und nicht Überfremdung befürchtet.

Auf der Europäischen Versammlung der christlichen Kirchen in Graz 1994 wurden im Blick auf die Welt Empfehlungen verabschiedet. Vier davon betreffen direkt oder indirekt den globalen Marsch:

1. Wir empfehlen den Kirchen, im Geist des Erlassjahres die Bewegung für einen Schuldenerlass im Interesse der ärmsten Länder anzuführen und dabei den Beginn des neuen Jahrtausends als zeichenhaft bedeutsamen Termin anzustreben.
2. Wir empfehlen den Kirchen, in ihren Ländern nachdrücklich die von den Vereinten Nationen vor 25 Jahren für die Entwicklungshilfe vorgegebene Richtschnur von 0,7% des Bruttosozialproduktes in Erinnerung zu rufen und sich selbst zu ver-

pflichten, 2% ihres Einkommens für Entwicklungshilfe einzusetzen.

3. Wir empfehlen den Kirchen, beispielhafte christliche Initiativen im Bereich wirtschaftlichen Handelns zu unterstützen und Kampagnen zu organisieren, die sich besonders gegen Kinderarbeit, Sextourismus und Frauenhandel und andere Formen der Ausbeutung richten.

4. Wir empfehlen den Kirchen, ökumenische Bildung im Sinne weltweiten Lernens zu einem Schwerpunkt ihrer Bildungsarbeit zu machen und dabei den Aspekt des Teilens finanzieller, kultureller und spiritueller Reichtümer in den Vordergrund zu rücken.

Nackte bekleiden – Obdachlosigkeit

Ein Raum unter einer Wiener Kirche im siebten Gemeindebezirk. Sein Name erinnert mehr an Tote denn an Lebende: „Gruft". Seit 1986 ist sie ein Zufluchtsort für Menschen, die kein festes Dach über dem Kopf haben. Diese Einrichtung der Caritas ist für nicht wenige der einzige Fixpunkt in ihrem Leben geworden. Ehrenamtliche betreuen sie zusammen mit diplomierten Hauptamtlichen. Das gesteckte Ziel, Menschen, die (derzeit) keine Wohnung haben, wieder in die Gesellschaft zu integrieren, wird nicht immer erreicht. Das leibliche Werk der Barmherzigkeit, „Nackte zu bekleiden", trifft heute wohl am ehesten auf die Obdachlosen zu. Ihnen fehlt das „weitere Kleid" einer Wohnung, die sie vor den Blicken anderer schützt, wo sie bei sich sein können, daheim sind.

Obdachlosigkeit

Das Wort und mit ihm die Lebensform der Obdachlosigkeit hat eine lange Geschichte.[82] Früher nannte man sie nach dem lateinischen Wort *vagare* (herumschweifen) bzw. *vagus* (unstet) die Vagierer (fahrende Leute), später Kammesierer und Hippenbuben. Als im Zuge der frühkapitalistischen Industrialisierung viele verarmten und das Dach über dem Kopf verloren, war die Rede von verarmten Korrigenden, die man in Arbeitshäusern unterbrachte. Im vergangenen Jahrhundert nannte man sie Landstreicher, Berber oder Vagabunden. Im Dritten Reich erhielten sie die Bezeichnung arbeitsscheue Nichtsesshafte; sie landeten in Arbeitshäusern und wurden zu Tausenden in Konzentrationslagern misshandelt und umgebracht. Name wie Personenkreis haben sich immer wieder verändert. Gleich blieb allein, dass es Menschen ohne Dach über dem Kopf waren und sind.

Von den heutigen Obdachlosen wissen wir etwas mehr als früher. Unter ihnen gibt es überdurchschnittlich viele psychisch kranke Menschen. Zwei Drittel gelten als alkohol- oder drogenabhängig. Nicht wenige sind psychisch belastet. Obgleich sie oftmals krank sind, suchen sie keine medizinische Hilfe auf.

Waren es früher mehr Männer ab der Lebensmitte, nimmt heute die Zahl der jüngeren Männer sowie der Frauen[83] zu. Der Weg in die Obdachlosigkeit ist von vielen Ursachen gepflastert, die häufig ineinandergreifen. Ganz oben stehen in der Rangliste finanzielle Probleme, nicht selten verbunden mit dem Verlust des Arbeitsplatzes. Dann kommen schon Scheidung und familiäre Probleme, bei Frauen Gewaltprobleme in der Beziehung. Bei Jüngeren stimmt es mit den Eltern nicht. Alkohol-, weniger Drogenprobleme führen gleichfalls manche in die Obdachlosigkeit.

Was auffällt, ist die – trotz objektiv trister Lage – vorhandene subjektive Lebenszufriedenheit. Dabei ist das Leben auf der Straße nicht immer ungefährlich. Obdachlose werden beraubt und bestohlen, Frauen sexuell belästigt oder missbraucht. Zugleich haben nicht wenige ihrerseits überdurchschnittlich oft mit der Polizei zu tun und waren meist schon wegen kleinerer Vergehen inhaftiert.

Eine Sondergruppe unter den Obdachlosen sind die Straßenkinder – vor allem in ärmeren Regionen Europas wie Rumänien, Moldawien, aber auch in Lateinamerika. Es gibt sie aber, meist unsichtbar, auch in Deutschland (die Schätzungen liegen zwischen 2500 und 40000).[84] Sie sind aus Familien oder Heimen ausgerissen. Dabei setzen sie oft das dunkle Schicksal ihrer Eltern fort: Diese sind ohne Arbeit, trinken, sind untereinander streitsüchtig und gewalttätig.

Das leibliche Werk der Barmherzigkeit „Nackte bekleiden“ kann mit Blick auf die Obdachlosen vielerlei bedeuten. Die „Gruft“ beispielsweise deckt Grundbedürfnisse ab. Morgens, mittags und abends gibt es ein warmes Essen. Bei Bedarf wird Kleidung ausgegeben und die Betroffenen können sich in der „Gruft“ duschen und haben die Möglichkeit, ihre Kleidung zu waschen, zu trocknen und zu bügeln. Sie können auch Dokumente, Geld und in geringem Maß auch ihre Habseligkeiten deponieren. Die „Gruft“ ist für manche auch die einzige Postadresse.

Obdachlose erhalten in der „Gruft“ medizinische Versorgung durch ein fahrendes Ärzteteam. Akute Verletzungen werden erstversorgt. Eine psychiatrische Erstversorgung (Diagnose,

Beratung, Therapie, Einweisung in geeignete Einrichtungen) kann organisiert werden; hin und wieder findet ein Vortrag über Krankheiten statt.

Wichtig ist, dass immer jemand in der „Gruft" da ist, der ein offenes Ohr für die Sorgen und Nöte der Betroffenen hat. Für die längerfristige Begleitung stehen diplomierte Sozialarbeiter/innen zur Verfügung. Gemeinsam mit den Obdachlosen werden Dokumente beschafft, finanzielle Ansprüche abgeklärt, Schulden reguliert, bei Gerichten und Behörden interveniert, bei Sucht beraten. Manchmal gelingt es auch, eine finanzierbare Wohnung zu finden.

Psychische Obdachlosigkeit

Ohne Heimat sein heißt leiden.

Fjodor M. Dostojewski

Es mag bitter sein, kein Dach über dem Kopf zu haben. Noch bitterer kann es sein, wenn man kein Dach über der Seele hat. Neben der Obdachlosigkeit gibt es eine psychische Obdachlosigkeit. Diese scheint sich gerade in modernen individualisierten Kulturen auszubreiten.

Gemeint ist Vereinsamung und nicht jene Einsamkeit, die zur Individualität dazugehört und von der Wilhelm Busch dichtete (was der österreichische Komponist Alfred Uhl dann vertonte):

Der Einsame

Wer einsam ist, der hat es gut,
weil keiner da, der ihm was tut.
Ihn stört in seinem Lustrevier

kein Tier, kein Mensch und kein Klavier,
und niemand gibt ihm weise Lehren,
die gut gemeint und bös zu hören.
Der Welt entronnen, geht er still
in Filzpantoffeln, wann er will.
Sogar im Schlafrock wandelt er
bequem den ganzen Tag umher.
Er kennt kein weibliches Verbot,
drum raucht und dampft er wie ein Schlot.
Geschützt vor fremden Späherblicken,
kann er sich selbst die Hose flicken.
Liebt er Musik, so darf er flöten,
um angenehm die Zeit zu töten,
und laut und kräftig darf er prusten,
und ohne Rücksicht darf er husten,
und allgemach vergisst man seiner.
Nur allerhöchstens fragt mal einer:
Was, lebt er noch? Ei, Schwerenot,
ich dachte längst, er wäre tot.
Kurz, abgesehen vom Steuerzahlen,
lässt sich das Glück nicht schöner malen.
Worauf denn auch der Satz beruht:
Wer einsam ist, der hat es gut.
Wilhelm Busch (1832–1908)

Vereinsamung trifft in einer entnetzten Gesellschaft Personen nach Scheidungen, aber auch alte Menschen. In manchen Städten wohnen oft ältere Frauen und Männer in einer Art „Altenschließfächer“, anonymen Gemeindebauten oder Hochhäusern. Nicht selten wird man erst auf sie aufmerksam, wenn sie unbemerkt sterben und Leichengeruch auf dem Gang wahrnehmbar wird. Es gibt aber auch Singles, die sich nicht binden und verbünden konnten, sondern nach und nach übrig bleiben und vereinsamen.

Hier eröffnen sich Aufgaben für christliche Gemeinden. Sie könnten die Vereinsamten aufsuchen und vernetzen. Es wäre eine Variation des Werks der Barmherzigkeit „Nackte bekleiden". Ein wenig Beheimatung könnte sich bilden und die christlichen Gemeinden könnten eine Art Obdach der Seele sein.

Kranke besuchen – Gesundheit für alle

Gesundheit ist neben dem Frieden eines der modernen „Lebensheiligtümer". Die Sehnsucht nach dem *schalom* kommt darin zum Ausdruck, dass es dem Menschen „wohl ergehe auf Erden", wie der alte Schulkatechismus gelehrt hat. *Schalom* meint das Ganze, das Unzerrissene, Abgerundete.

Die enge Welt des Kranken

Kranksein liegt am anderen Erfahrungspol. Es ist die Kehrseite von Gesundheit. Da läuft das Leben nicht mehr rund. Der kranke Mensch ist beim Lieben und Arbeiten zumeist eingeschränkt. Die Aufmerksamkeit ist nicht mehr auf die schöne weite Welt gerichtet, sondern wendet sich auf sich selbst zurück. Das macht die Welt des Kranken eng und klein. In dieser engen und daher angstgefärbten Welt machen sich Sorgen breit, vor allem wenn es eine schwerere Krankheit ist mit vielleicht ungewissem oder gar tödlichem Ausgang. Es ist nicht nur die Sorge um einen selbst, die dann bedrängt: Wie es also mit einem selbst weitergehen wird, ob man wieder eigenständig leben kann oder auf die Hilfe anderer angewiesen sein wird. In einer Gesellschaft, in der niemand dem anderen zur Last fallen will, ist das ein bedrohlicher Gedanke. Hat jemand (als Mutter, als Vater, als Arbeitgeber) Verantwortung für andere, kommen weitere Fragen dazu. Auf wen können sich die Kinder, die Mitarbeitenden nach mir verlassen? Wer kann meine Aufgaben übernehmen? Wenigstens vorübergehend, bis die Krankheit wieder ins volle Leben zurückführt, oder endgültig, wenn die Krankheit ins Sterben einmündet.

Schon vor dem Hintergrund dieser wenigen Überlegungen wird die moderne Bedeutung des leiblichen Werkes der Barmherzigkeit erkennbar: Wer Kranke besucht, öffnet eine Tür in die geschlossene Welt des Kranken. Zudem kann der Kranke anfangen, über sich und seine Nöte zu sprechen: über seine akuten Leiden, aber auch über seine Zukunftssorgen. Solche Dienste an Kranken kann jede und jeder leisten, Angehörige, Freunde, Bekannte, Ehrenamtliche in pfarrgemeindlichen Krankenbesuchsdiensten.

Es gibt aber Personengruppen, deren Profession es ist, für Kranke da zu sein. Der Arzt kümmert sich um Behandlung und Heilung, um die „Bemäntelung“[85] unerträglicher Schmerzen. Indem er eine solide Diagnose stellt, kann er kompetent eine angemessene Behandlung einleiten, diese selbst in Gang bringen oder dafür sorgen, dass die/der Kranke in ein dafür zuständiges Haus kommt. Seelsorgerinnen und Seelsorger bringen ein offenes Ohr, heilende Rituale und Sakramente der kirchlichen Gemeinschaft, tröstende und aufrichtende Worte. Sie machen die enge Welt des Kranken dadurch weit, dass sie über ihm den Himmel offen halten. Gottes Nähe wird dicht erfahrbar. Es ist auch heilsam, wenn Schuld, die geheim mitgeschleppt wird, zur Sprache kommen und von der Seele genommen werden kann.

Ob ehrenamtlich oder professionell, in beiden Fällen wird das leibliche Werk der Barmherzigkeit „Kranke besuchen" getan.

Krankenhäuser

Nicht zuletzt die christlichen Kirchen, in jüngster Zeit auch der asiatische Buddhismus, haben sich intensiv um die Kranken gekümmert. Kirche und Haus für die Kranken waren räumlich an-, ja manchmal ineinandergebaut. Die Sorge um die Kranken war den Diakonen anvertraut. Nach der syrischen Kirchenordnung des 5. Jahrhunderts wohnte hinter dem Priesterhaus ein Diakon. Zu seinen Pflichten gehörte es, morgendlich am Strand nach angeschwemmten Leichen auszuschauen und diese zu bestatten, sodann im Dorf sich nach den Kranken umzusehen und schließlich jene zu finden, die der Belehrung im Glauben bedurften. Einmal im Monat musste er dem Presbyterium über jene berichten, die er auf seinen diakonalen Erkundungsgängen gefunden hatte.

Es waren nicht zuletzt jüngere apostolisch ausgerichtete Orden, die sich der Pflege der Kranken intensiv gewidmet haben. Das leibliche Werk der Barmherzigkeit „Kranke besuchen" wurde institutionalisiert. Um eine für die damalige Zeit hochwertige ärztliche Behandlung zu sichern, aber auch um Wege in die Häuser zu sparen und Nähe zu den Kranken zu schaffen, wurden diese in eigenen Krankenhäusern der Ordensgemeinschaften zusammengezogen. Hier hatten die Kranken an Ort und Stelle alles in einem: Zuwendung, ärztliche Behandlung, seelsorgliche Begleitung.

Die Kirchen sammelten dabei viel Erfahrung. Sie schufen in ärztlicher Behandlung und auch in der Pflege hohe Standards. Die sich nach und nach von der Kirche emanzipierende moderne Gesellschaft konnte auf diese Erfahrungen zurückgreifen. Ein modernes, sozialstaatlich abgesichertes Gesundheitswesen entstand.

Umbaukrise

Das Gesundheitswesen der Gesellschaften Europas ist hoch entwickelt. Es ist ein nicht mehr wegzudenkender Teil des modernen Sozialstaates. Allerdings ist im Zuge der Globalisierung eben dieser Sozialstaat in eine tiefe Finanzierungskrise geraten. Die Alternative heißt: umbauen oder abbauen. Das Instrument für den Umbau ist nicht nur eine komplizierte Gesundheitspolitik, die versucht, einen Teil der finanziellen Belastungen zu privatisieren. Der Umbau erfolgt auch über ein aufwändiges Qualitätsmanagement. Sein Ziel ist Qualitätssicherung und Kostenabbau in einem.

Für die kirchlich getragenen Krankenhäuser kommt dazu, dass der Nachwuchs an Ordensmännern und Ordensfrauen in den letzten Jahrzehnten stark rückläufig war. Es sieht so aus, als würden zumindest in Europa viele der jüngeren apostolisch tätigen Orden die magische 200-Jahre-Marke in der Lebensdauer nicht überschreiten. Das zwingt Orden, ihre Krankenhäuser entweder zu fusionieren oder/und in Stiftungen umzuwandeln. Jedenfalls wächst der Konkurrenzdruck zwischen den öffentlichen, den privaten und den kircheneigenen Krankenhäusern.

Die Frage stellt sich, wofür kirchliche Krankenhäuser auf diesem konkurrierenden Markt stehen: Was macht sie attraktiv für die Patient/innen (die jetzt zu Kunden geworden sind)? Was zeichnet sie aus?

Bei diesen Umbauvorgängen könnte sich das leibliche Werk der Barmherzigkeit „Kranke besuchen“ als Kernstärke kirchlicher Krankeneinrichtungen bewähren. Ein modernes Krankenhaus hat das Kunstwerk zu vollbringen, die Balance zu halten zwischen ärztlicher Spitzenleistung (und damit einer modernen Medizintechnik), höchster Wirtschaftlichkeit und hoher Menschlichkeit. Letztere drückt sich nicht zuletzt in der Zeit aus, die für einen Patienten zur Verfügung steht. Wichtig ist aber auch, dass er nicht ein Objekt eines ihm fremden Geschehens ist, sondern Mitwirkender. Er wird konsultiert, gestaltet Diagnose und Behandlung mit, beteiligt sich an den sensiblen ethischen Entscheidungen wie Beenden von Behandlungen oder Vornahme operativer Eingriffe.

Nun besteht generell in den modernen Gesellschaften eine Tendenz zur Durchökonomisierung aller Bereiche. Wirtschaftlichkeit steht ganz oben. Vor allem für private Krankenhauseinrichtungen scheint der wirtschaftliche Ertrag das oberste Maß aller Entscheidungen zu sein. Dies muss nicht, kann aber auf Kosten der Patient/innen gehen.

Auch profane wie kirchliche Einrichtungen stehen unter einem enormen Kostendruck. Die Frage ist allerdings, wie gerade angesichts des Zwangs zur Sparsamkeit nicht bei der Menschlichkeit eingespart wird. Es könnte also gerade das Logo von kircheneigenen Krankenhäusern sein, dass der Mensch in der Mitte bleibt und die Sorge um den Patienten nie der Medizintechnik oder den Kosten untergeordnet wird. Genau das wäre die moderne Variante des leiblichen Werks der Barmherzigkeit „Kranke zu besuchen“:

„Was nun den Dienst der Menschen an den Leidenden betrifft, so ist zunächst berufliche Kompetenz nötig: Die Helfer müssen so ausgebildet sein, dass sie das Rechte auf rechte Weise tun und dann für die weitere Betreuung Sorge tragen können.

Berufliche Kompetenz ist eine erste, grundlegende Notwendigkeit, aber sie allein genügt nicht. Es geht ja um Menschen, und Menschen brauchen immer mehr als eine bloß technisch richtige Behandlung. Sie brauchen Menschlichkeit. Sie brauchen die Zuwendung des Herzens. Für alle, die in den karitativen Organisationen der Kirche tätig sind, muss es kennzeichnend sein, dass sie nicht bloß auf gekonnte Weise das jetzt Anstehende tun, sondern sich dem anderen mit dem Herzen zuwenden, so dass dieser ihre menschliche Güte zu spüren bekommt.

Deswegen brauchen diese Helfer neben und mit der beruflichen Bildung vor allem Herzensbildung: Sie müssen zu jener Begegnung mit Gott in Christus geführt werden, die in ihnen die Liebe weckt und ihnen das Herz für den Nächsten öffnet, so dass Nächstenliebe für sie nicht mehr ein sozusagen von außen auferlegtes Gebot ist, sondern Folge ihres Glaubens, der in der Liebe wirksam wird (vgl. Gal 5,6).“[86]

Gefangene besuchen – strafen oder resozialisieren?

„Strafe muss sein“, so denken viele. Sie haben gute Gründe dafür. Muss nicht Unrecht gesühnt, eine böse Tat vergolten werden? Heißt es nicht schon in der Bibel: *Bruch um Bruch, Auge um Auge, Zahn um Zahn. Der Schaden, den er einem Menschen zu-*

gefügt hat, soll ihm zugefügt werden (*Lev* 24,20. Auch: *Ex* 21,23–25; *Dtn* 19,21)?[87] Muss nicht den Angehörigen der Opfer Gerechtigkeit widerfahren?

Strafe soll auch *abschrecken*: Ganz allgemein mögliche Täter, aber auch Täter, damit sie ihre Tat nicht wiederholen. Nur so könne man Recht und Ordnung schützen. Die Menschen haben ein Anrecht auf Sicherheit.

Es gibt eine gegenläufige Denkrichtung. Nicht das Strafen steht im Mittelpunkt, sondern das „Heilen". Als „geheilt" gilt ein Mensch, wenn er wieder im alltäglichen Leben der Gesellschaft mitleben kann (also sozial ist), gemeinschaftsfähig ist und die Gemeinschaft nicht mehr bedroht. Der Sinn der „Strafe" ist weniger Vergeltung (das soll getrost Gott überlassen bleiben), sondern *Resozialisierung*. Das deutsche Recht formuliert in diesem Sinn als Vollzugsziel (§2), dass die Gefangenen befähigt werden, ein Leben künftig in sozialer Verantwortung zu führen.[88]

Humanisierung des Strafvollzugs

Es gibt kritische Stimmen, ob der heutige Strafvollzug dieses hochgesteckte Ziel in unseren Ländern auch wirklich erreicht. Dabei wird durchaus berücksichtigt, dass es um einen sensiblen Balanceakt geht zwischen dem Recht der Öffentlichkeit auf Sicherheit und der Hilfe für Häftlinge im Sinn des Vollzugzieles Resozialisierung. Die Kritik wird in Vorschläge umgemünzt, wie der Strafvollzug sich entwickeln sollte, um humaner zu werden.

1. Es soll *mehr offenen Vollzug* und in Verbindung damit auch eine andere Rechtsprechung geben. Die Freiheitsstrafe sollte nur dann verhängt werden, wenn sie zum Schutz elementarer

Rechtsgüter wie Leben und sexuelle Selbstbestimmung unabdingbar erscheint. An ihre Stelle sollten andere Strafen treten: Geldbußen, therapeutische Maßnahmen, zivilrechtliche Auseinandersetzungen; diese reichen in vielen Fällen aus, um Interessenausgleich und Opferentschädigung zu bewirken.[89]

2. Eine besondere Behandlung brauchen straffällige *Jugendliche:* Im Mittelpunkt soll erzieherische Hilfe stehen, um ein wenig wettzumachen, was in der familiären Erziehung meist ausgeblieben war und zur Straffälligkeit des Jugendlichen erheblich beigetragen hat. Nahe liegt, dass ein solcher Jugendstrafvollzug nicht zusammen mit dem Erwachsenenvollzug geschehen kann und auch nicht soll.

3. Besondere Aufmerksamkeit soll der sozialen Integration *benachteiligter Gruppen* wie Frauen und Ausländerinnen zukommen.

4. Um den Akzent vom vergeltenden Wegsperren in Richtung Resozialisierung wirksam verlagern zu können, braucht es mehr und anders qualifiziertes *Personal.*

5. Die Bestrafung von Tätern wie das Straffälligwerden geschehen in einem gesellschaftlich-kulturellen Kontext. Daher ist auch zu überlegen, wie durch eine Stärkung der Familien, durch mehr Anwesenheit von Vätern, durch Arbeitsmarkt- und Sozialpolitik *präventiv* Taten verhindert werden.

6. Solche Maßnahmen verlangen nach einer *informierten Öffentlichkeit.* Mit Blick auf das berechtigte Sicherheitsbedürfnis der Bevölkerung ist zu erklären, dass humaner Strafvollzug auch sicherer ist als inhumaner, dass humaner Strafvollzug das Sicherheitsrisiko nach der Entlassung verringert. Klarzumachen ist, dass vom Gelingen der Resozialisierung das spätere Leben nach der Entlassung abhängt – wobei nicht überse-

hen werden darf, dass mehr als neun von zehn auch tatsächlich entlassen werden.

7. Will man resozialisierte Entlassene, muss es auch in der Haft sozial zugehen. Die *Menschenrechte* sind zu wahren: also Pressefreiheit, Meinungsfreiheit, sexuelle Selbstbestimmung. Geleistete Arbeit ist angemessen zu entlohnen. Wer als Häftling arbeitet, erwirbt Pensionsansprüche. Der Strafvollzug gehört also enttabuisiert und muss transparent sein.

Todesstrafe

Umstritten ist heute, bis tief in die Kirche hinein, ob die Todesstrafe verhängt werden soll. Dabei gibt es drei Lager. Die einen sind grundsätzlich und praktisch dafür. Die Nächsten sind zwar der Meinung, dass die Gesellschaft ein Recht auf Verhängung der Todesstrafe hat: Sie meinen aber, dass dieses Recht nie angewendet werden soll. Die dritte Gruppe schließlich lehnt die Todesstrafe prinzipiell und damit auch praktisch ab.[90]

Die katholische Kirche hat sich in den letzten Jahren von der ersten zur zweiten Position weiterentwickelt. Zunächst wird das grundlegende Recht auch auf die Todesstrafe betont. So heißt es im Katechismus der Weltkirche: „Der Schutz des Gemeinwohls der Gesellschaft erfordert, dass der Angreifer außerstande gesetzt wird zu schaden. (sic!) Aus diesem Grund hat die überlieferte Lehre der Kirche die Rechtmäßigkeit des Rechtes und der Pflicht der gesetzmäßigen öffentlichen Gewalt anerkannt, der Schwere des Verbrechens angemessene Strafen zu verhängen, ohne in schwerwiegendsten Fällen die Todesstrafe auszuschließen. Aus analogen Gründen haben die Verantwortungsträger das Recht, diejenigen, die das Gemeinwesen, für das sie verantwortlich sind, angreifen, mit Waffengewalt abzuwehren."[91]

In einem weiteren Schritt wird aber darauf hingewiesen, dass vorher alle anderen Mittel auszuschöpfen sind: „Soweit unblutige Mittel hinreichen, um das Leben der Menschen gegen Angreifer zu verteidigen und die öffentliche Ordnung und die Sicherheit der Menschen zu schützen, hat sich die Autorität an diese Mittel zu halten, denn sie entsprechen besser den konkreten Bedingungen des Gemeinwohls und sind der Menschenwürde angemessener."[92]

In den Diskussionen zum praktischen Vollzug der Todesstrafe haben sich Argumente herauskristallisiert, die offenbar Papst Johannes Paul II. dazu bewogen haben, bei aller grundsätzlichen Anerkennung des Rechts eines Staates auf Todesstrafe (und das nicht nur im Kriegs- oder Terrorfall), dennoch von einer Anwendung dieses Rechts Abstand anzuraten. Solche Gründe sind:[93]

1. Die Todesstrafe schreckt keineswegs mehr ab als langjährige Haftstrafen.
2. Die Abschaffung der Todesstrafe führt zu keiner Steigerung der Kriminalitätsrate.
3. Eine Gesellschaft, die selbst tötet, schwächt ihre argumentative Kraft gegen das Töten.
4. Todesstrafe kann man sich nicht als gerechte Strafe „verdienen", schon gar nicht dann, wenn sie ein abzulehnendes Übel ist.
5. Das Risiko, dass Unschuldige hingerichtet werden, kann nicht hinreichend ausgeschlossen werden.[94]
6. Weltweit wird die Todesstrafe politisch missbraucht.

7. Die Todesstrafe hilft weder den Angehörigen des Opfers noch jenen des Täters. Der Wunsch der Angehörigen nach Vergeltung ist verständlich, wurde aber gegen Recht und Gerechtigkeit in der Form von „gesundem Volksempfinden" schon vielfach missbraucht. Dass Mehrheiten (vor allem bei akuten Anlässen wie dem Mord an Kindern nach sexuellem Missbrauch) für die Todesstrafe sind, greift als Argument nicht: Ethik hängt nicht von Mehrheiten ab.
8. Todesstrafe[95] bringt nicht mehr Sicherheit vor Straftätern als effizienter Strafvollzug.
9. Todesstrafe schreckt nicht vor kriegerischen Verbrechen oder Terror ab. Die Hinrichtung von Terroristen schafft vielmehr Märtyrer und verschärft in der Folge den Terror.
10. Der Einsatz der Todesstrafe zur Verringerung der Drogenkriminalität hat sich als kontraproduktiv erwiesen. Es trifft die kleinen Dealer und nicht die großen Bosse im Hintergrund.
11. Todesstrafe ist kein Akt der Selbstverteidigung in einer lebensbedrohlichen Situation.
12. Dass die Hinrichtung eines Mörders billiger ist als die langjährige Verwahrung im Gefängnis, ist ein ebenso fragwürdiges Argument wie der Hinweis darauf, dass das langsame Sterben und die Pflege unheilbar Kranker so teuer kommen, dass man über die Liberalisierung der Euthanasie nachdenken müsse.[96]

Gemeinde hinter Gittern

In den meisten Ländern arbeiten – abgestützt durch einen Vertrag zwischen Staat und Kirche – in den Gefängnissen Seelsorger. Sie haben eine wichtige, aber keine leichte Aufgabe. Sie sind institutionalisiert das leibliche Werk der Barmherzigkeit „Gefangene besuchen". Gefangenenhausseelsorge arbeitet auf mehreren Ebenen:

- Zunächst kümmert sie sich um den einzelnen Häftling. Sie ist institutionalisiertes Vertrauen, heute zusammen mit Therapeuten und Sozialarbeiter/innen. Viele Anliegen stehen auf der Tagesordnung – Sorgen um die Angehörigen, die Kinder, finanzielle Fragen und dann die Verarbeitung der Schuld.
- Seelsorge im Gefangenenhaus versucht aber auch Gemeinschaft zu gründen: wenigstens in der Form der Gottesdienstgemeinde. Häftlinge haben freien Zugang zu den Gottesdiensten. Zur Bildung einer „Gemeinde hinter Gittern"[97] gehört auch, Kontakt mit umliegenden christlichen Gemeinden und Gruppen zu stiften. Denn jede christliche Gemeinde, auch jene eines Gefangenenhauses, ist kirchentheologisch besehen ein Teil der Ortskirche und diese wiederum der einen Weltkirche. Gibt es Kontakte untereinander? Singt ein Häftlingschor in einer der umliegenden Pfarrgemeinden? Kommen Christinnen und Christen zu Gefangenen auf Besuch – ähnlich wie es auch in Krankenhäusern Besuchsdienste gibt? Werden diese Ehrenamtlichen auch ausreichend auf die Besuche vor- und werden die Erfahrungen nachbereitet?
- Schließlich sorgt sich Gefangenenhausseelsorge um das Gefängnis und sein Personal. Fragen stehen an wie: Werden die Menschenrechte gewahrt? Trägt das Gefangenenhaus durch die Lebensordnung zu jener Resozialisierung bei, die eine Eingliederung ins bürgerliche Leben ohne Risiko der Rückfälligkeit begünstigt? Wie steht das Personal ohne Beschädigung der eigenen Menschlichkeit das besondere Arbeiten im Gefängnis durch?

Erfurt ist eine Stadt mit einer Viertelmillion Einwohnern. Nur ein kleiner Teil von ihnen ist Mitglied einer christlichen Kirche. Das hat zur Folge, dass, wenn jemand stirbt, es kein kirchliches Begräbnis gibt. In den Zeiten des Kommunismus hat sich eingebürgert, Tote nicht mehr in einer eigenen Feier zu bestatten. Vielmehr wird der Leichnam ohne Anwesenheit der Angehörigen entsorgt.

Zum Pfarrer am Dom zu Erfurt sind nach der Wende immer mehr Leute gekommen, die mit dieser Art, mit Toten zu verfahren, nicht gut auskamen. Sie wollten ein Gedenken, ein öffentliches Erinnern an den Verstorbenen. Es war ihnen unheimlich, keinen Ort mehr zu kennen, an dem die sterblichen Überreste (ein Sarg, eine Urne) ihres Angehörigen „besucht" werden könnten. Es gab keine Gräber, keine Friedhöfe mehr für viele Tote der Stadt.

Dompfarrer Reinhard Hauke, inzwischen Weihbischof in der Diözese Erfurt, fand Abhilfe. Er lud (erstmalig am 1. März 2002) ratlose Angehörige in Gruppen am ersten Freitag des Monats um 15 Uhr in den Dom ein. Dieser Termin wurde deshalb gewählt, weil nach biblischer Überlieferung an einem Freitag zur neunten Stunde Jesus am Kreuz gestorben ist. Und so läuft das Totengedenken liturgisch ab:

„Der Zugang zum Totengedenken führt durch das Jungfrauenportal.[98] Am Eingang in den Hohen Chor des Domes werden die Teilnehmer des Totengedenkens darauf hingewiesen, dass sie die Namen[99] der Verstorbenen in das Buch eintragen können. Das Totenbuch liegt im Altarraum aufgeschlagen aus. Daneben steht unangezündet die Osterkerze. Weitere Opferkerzen stehen bereit." Das ist dann das Drehbuch der liturgischen Feier:

- Orgelpräludium
- Einzug des Zelebranten
- Begrüßung der Anwesenden und Anzünden der Osterkerze
- Lesung aus der Heiligen Schrift
- Eintragung der Namen, Verlesen der eingetragenen Namen und Einladung zum Anzünden einer Kerze; dabei leises Orgelspiel
- Beten eines Psalmes
- Vortrag eines geistlichen Textes – eine Meditation – eine Ansprache
- Instrumentalmusik (Orgel), dabei Tragen des Totenbuches auf den Altar
- Beten des Vaterunsers
- Oration
- Oster- oder Hoffnungslied
- Orgelspiel, dabei Auszug des Zelebranten und der Mitfeiernden mit dem Totenbuch
- Reponierung des Totenbuches am Heiligen Grab

Solch ein Totengedenken konkretisiert inmitten einer atheisierenden Stadt das Werk der leiblichen Barmherzigkeit „Tote bestatten". Zumindest geschieht das, was nach der behördlichen Entsorgung des Leichnams noch menschenmöglich ist. Bedeutsam bei der Feier ist das Symbol des Totenbuches. In dieses werden die Namen der Toten eingetragen. Wer in dieses Buch gelangt, wird dem Vergessen entrissen.

Was hier rituell-liturgisch geschieht, stützt sich auf menschheitsalte religiöse Traditionen. Das Totenbuch erinnert an das *Buch des Lebens (Offb 20,12ff)*, in das die Menschen bei Gott eingetragen sind – ein Sinnbild dafür, dass das Leben des Menschen mit dem Tod nicht endet, sondern umgewandelt in Gott mündet. Die *Osterkerze* wiederum verweist auf den Grund unserer Hoffnung: den auferstandenen Christus. Der Tod ist entmachtet. Nicht er behält das letzte Wort, sondern das Leben, die Liebe: also Gott selbst.

Trauernde

Überraschend ist, dass gerade in der atheisierenden Kultur Ostdeutschlands Menschen sich mit ihrem Anliegen rund um den Tod eines entsorgten Angehörigen an die Kirche wenden. Der Wunsch nach einer Totenfeier führt sie in den Kirchenraum. Dieser ist in sich von hoher symbolischer Bedeutung: Es ist ein Gotteshaus, also Gottes Haus mitten unter uns Menschen. Wer hier eintritt, lässt das, was alltäglich zu gelten scheint, zurück. Einer anderen Deutung des Todes, als sie in der Kultur gängig ist, wird durch die alten Symbole (wie Totenbuch, Kerzen, Friedhof) ein diskreter Raum aufgetan.

Sosehr aber der Tote im Mittelpunkt zu stehen scheint und es um das Bestatten der Toten geht: Nahtlos geht dieses Werk der leiblichen Barmherzigkeit („Tote bestatten") über in das Trösten der betrübten Angehörigen und das Beten für Tote und Hinterbliebene. Es geht also nicht nur um die Toten, sondern ebenso um die trauernden Hinterbliebenen. Die beiden anverwandten geistigen Werke der Barmherzigkeit heißen folgerichtig: „Betrübte trösten" sowie „für die Lebenden und für die Toten beten".

Eine alte liturgische Tradition sah vor, dass sich die Trauernden mit ihrer christlichen Gemeinde nicht nur zum Begräbnis trafen, sondern sich auch am 3., am 10., am 30. Tag sowie ein

Jahr danach zu einem Gottesdienst versammelten. Mag sein, dass diese Daten mit den Bildern der Ablösung des Verstorbenen von dieser irdischen Welt und mit dem Übergang in die andere Welt zu tun haben: ein Vorgang, dem sich auch das „Tibetische Totenbuch“[100] widmet.

Trauerprozess

Zugleich enthält diese pastorale Praxis ein tiefes Wissen um das, was sich nach Sigmund Freud im Prozess des Trauerns ereignet.[101] Wer vom unerwarteten Tod eines geliebten Angehörigen erfährt, erstarrt zunächst schockartig. Es ist die Abwehr einer lebensbedrohlichen Nachricht. Menschen, die miteinander das Leben teilen und gestalten, schaffen sich dadurch eine gemeinsam bewohnte Lebenswelt. Stirbt ein Teil, geht ein Teil der eigenen Welt mit unter. Sich selbst – als Hinterbliebener – aus dieser gemeinsamen Welt zu lösen und sich in der verbleibenden „Restwelt“ so zurechtzufinden, dass man von ihr aus wieder mutig ausschreiten kann, ist jene Arbeit, die in der Trauer zu leisten ist. Bevor aber diese Umbauphase der beschädigten Lebenswelt beginnen kann, ist der Tote zu bestatten.

Damit der Trauernde in dieser Zeit handlungsfähig bleibt, wird er durch seine Umwelt gestützt. Wie eine Mauer stehen die Freunde und Bekannten, die zum Begräbnis zusammenkommen, um ihn. Vor allem wenn es um den sichtbaren Abschied geht – um die „Beerdigung“ – ist der Vorgang rituell gestaltet. Die Regie wird von der Gemeinschaft übernommen, in fast allen Kulturen angeführt durch einen professionellen Anführer des Trauerzugs: in den religiösen geformten Gesellschaften durch einen Gottesmann, in manchen Gegenden auch eine Gottesfrau[102]. Das christliche Beerdigungsritual deutet zudem durch die Inszenierung das Schicksal, das Gläubige für den Toten erhoffen. Der Trauerzug geht hinter einem Vortragskreuz her, das auf dem offenen Grab aufgepflanzt wird. Das signalisiert die Schicksalsgemeinschaft mit Jesus Christus in Sterben und Tod. Damit verbindet sich in allen Worten und Gesängen die Hoffnung, dass – wer in einer mystischen Verbindung mit Christus stirbt – auch an der Auferweckung Jesu durch seinen Gott teilhat. Dann wird Erde auf den Sarg geworfen. Deutlich wird, dass der Tote auch wirklich tot ist und der Trauernde sich keinen Illusionen hingeben kann.

Sind die letzten Trauergäste abgereist, hält die Auflösung der vertrauten Lebenswelt nichts mehr auf. Die von Fachleuten so genannte *desintegrative Phase* des Trauerprozesses nimmt ihren Lauf. Das ist eine Zeit, die viel Kraft kostet. Zögerlich geht schließlich diese Zeit in jene über, in der eine neuerlich bewohnbare Lebenswelt (mit anderen) aufgebaut wird.

Die Betrübten trösten – dieses geistige Werk der Barmherzigkeit kann sich entlang des Trauerwegs konkretisieren. Solches „Trösten" wird sich nicht nur in der Fürbitte vor Gott für die Lebenden und die Toten erschöpfen, sondern nahtlos in hilfreiche Anwesenheit im Umkreis des Trauernden übergehen. Das ist vor allem in der „desintegrativen Phase" von hohem Wert, also in jener Zeit, die mehr von Rückzug der Bekannten und Freude geprägt ist als von deren Anwesenheit und Zuwendung. Wichtig ist es zudem, in der „adaptiven Schlussphase", wo der Lebensmut neu erwacht, den Trauernden zu neuen Aufgaben und Beziehungen zu ermutigen. Ich kenne in der Schweiz einen erfahrenen Pfarrer, der ein halbes Jahr nach einem Begräbnis anfängt, Witwer und Witwen danach zu fragen, ob sie wieder jemanden kennen gelernt haben, der in ihrem Leben wichtig ist, mit dem sie reden können, Zeit verbringen, etwas unternehmen, Tisch und eines Tages auch das Bett teilen. Das ist wahrhaft tröstlich: wahrlich ein Werk der Barmherzigkeit.

Die Unwissenden lehren – Bildung für alle

Längst bekommen in der einen Welt nicht alle Kinder eine Grundschulbildung. Viele Erwachsene sind Analphabeten. Bildungsbenachteiligt sind insbesondere die Frauen der Welt.

Bildung und Armut

Die Folgen dieser Situation sind elementar. Fehlende Bildung erschwert den Zugang zu Arbeit, mindert die Chancen auf Gesundheit. Ohne Bildung ist Armut vorgezeichnet. Hunger ist letzten Endes nur durch Bildung reduzierbar, so einhellig die Hungerexperten. Menschen mit Bildung sind am ehesten in der Lage, jenem Armutskreislauf zu entrinnen, durch den Hunger verursacht wird. Bildung und nachhaltige Entwicklung sind voneinander nicht zu trennen.

Diese Zusammenhänge gelten unübersehbar in den Entwicklungsländern. Aber auch in unseren reichen Gesellschaften kommen sie zum Tragen: Arbeitsmarkt und Bildung sind eng aneinander geknüpft. So sind nachweislich Erwerbspersonen ohne abgeschlossene Berufsausbildung Verlierer am Arbeitsmarkt. Der Anteil von Einfacharbeitsplätzen, für die es keine abgeschlossene Berufsausbildung braucht, ist rückläufig. Das Arbeitskräfteangebot von Personen ohne abgeschlossene Berufsausbildung wird somit weiterhin den Bedarf übersteigen.[103]

Die Unwissenden lehren ist als geistiges Werk heute eine weltweite (bildungs-)politische Aufgabe. Die Verantwortlichen der Welt sind sich ihrer auch bewusst: „Erziehung ist ... der Schlüssel zu nachhaltiger Entwicklung, Frieden und Stabilität in und zwischen den Ländern und daher ein unverzichtbares Mittel für wirkungsvolle Teilhabe in den Gesellschaften und Wirtschaften des 21. Jahrhunderts."[104] Auf der Milleniumskonferenz der UNO im Jahr 2000 haben sich 189 Mitglieder der Weltgemeinschaft zwei Ziele gesetzt, die sich auf Bildung beziehen:

- Ziel 2 will Grundbildung für alle Mädchen und Jungen gewährleisten. Bis zum Jahr 2015 soll sichergestellt werden, dass Kinder auf der ganzen Welt, Jungen wie Mädchen, eine Grundschulbildung abschließen können.
- Ziel 3 widmet sich der Förderung der Geschlechtergerechtigkeit. Die Geschlechterungleichheit in der Primar- und Sekundarschulbildung ist bis 2005 zu beseitigen, auf allen Bildungsebenen bis zum Jahr 2015.

Die angestrebte Gleichstellung der Geschlechter bei der Bildung wird nicht nur zur menschlichen Entwicklung von Frauen beitragen. Frauen fördern nämlich ihrerseits auch die menschliche Entwicklung der übrigen Familienmitglieder sowie das wirtschaftliche Wachstum. In die Fähigkeiten von Frauen zu investieren und sie mit mehr Macht auszustatten, damit sie ihre Wahlmöglichkeiten wahrnehmen können, ist der sicherste Weg zu Wirtschaftswachstum und Entwicklung insgesamt.

Diese Ziele lassen sich ohne kräftigen finanziellen Einsatz nicht erreichen. Erschwert wird das Bereitstellen der erforderlichen Mittel nicht nur durch budgetäre Probleme in den reichen Ländern, die selbst die Mittel im Bildungsbereich gekürzt haben. Einige Länder mit Entwicklungsproblemen tendieren ihrerseits dazu, die Grundschulbildung zugunsten der höheren Schulbildung zu vernachlässigen.

Bildung ist mehr als Ausbildung

Bildung hat ökonomische Bedeutung, wehrt sich aber gegen eine durchgängige Ökonomisierung. Vielmehr ist sie von Bedeutung für die Lebensführung der Person wie für das Funktionieren moderner Demokratien.

„Bildung, die dem Menschen gerecht wird", so das Sozialwort der vierzehn christlichen Kirchen in Österreich, „wurzelt in einem lebendigen Interesse an der Welt, das zutiefst aus dem Staunen, der Achtung und der Dankbarkeit kommt. Neugier, Achtsamkeit, Verantwortungsbewusstsein, Beziehungsfähigkeit und Weltoffenheit sind grundlegende Ziele einer Persönlichkeitsbildung, die von Kindheit an grundgelegt wird und ein Leben lang weiterzuentwickeln ist."[105] Solche Persönlichkeitsbildung, die weit mehr ist als berufliche Ausbildung, ermöglicht es Menschen, zumal in pluralistischen Gesellschaften, ihrem Leben Sinn zu „geben" sowie Verantwortung für ihre Lebensführung zu übernehmen. Und weil heute die Lebensverhältnisse und mit ihnen Leben ständig im Fluss sind, ist lebenslanges Lernen Pflicht und Recht jedes Menschen.

Bildung hat auch hohen sozialen Wert. Sie kann „Brücken bauen zwischen Generationen und zwischen den Geschlechtern, zwischen Kulturen und Religionen. Orte der Bildung können so Orte der Integration von Fremden und von Menschen mit Behinderungen sein. Das Einüben in den Umgang mit anderen und mit ihren Eigenheiten ist ein unerlässliches Lernziel. Bildung schafft Bindung und stärkt so den sozialen Zusammenhalt"[106].

Bildung ist nicht zuletzt eine unerlässliche Grundlage für lebendige demokratische Verhältnisse. Demokratien brauchen selbstbewusste, kritische und mündige Bürgerinnen und Bürger. Sie haben die Möglichkeit, sich trotz wachsender Unübersichtlichkeit in der Welt zu orientieren, verstehen Zusammenhänge, können politische Optionen treffen. Bildung befähigt somit zur Teilnahme am gesellschaftlichen Leben. Sie motiviert zu verantwortungsvoller Teilnahme am gesellschaftlichen Leben. Von hier aus versteht sich von selbst, dass demokratischen Gesellschaften an einem möglichst offenen Zugang aller zu den Bildungsmöglichkeiten gelegen sein muss.

Aus all diesen Gründen werden unsere modernen Gesellschaften als „Bildungsgesellschaften" gewürdigt.

Theologische Bildung

Was hier von der demokratischen Gesellschaft gesagt ist, trifft auch auf das Leben der Kirche zu. Das gilt aus theologischen Gründen, wird aber dadurch noch verschärft, dass Kirchen heute eben in Bildungsgesellschaften existieren und wirken.

Die neutestamentlichen Schriften sehen bei einem Menschen, der gläubig wird, einen Entwicklungsweg. Dieser wird bildlich dargestellt anhand der Stufen, die ein Mensch auch in seinem sonstigen Leben durchläuft. Da wird jemandes Glauben „gezeugt": durch Zeugen, durch Überzeugungsarbeit. Paulus drückt das im Brief an den Sklavenhalter Philemon so aus: *Ich bitte dich für mein Kind Onesimus, dem ich im Gefängnis zum Vater geworden bin (Phlm 1,10.)* Es kommt dann zu einer Art „Glaubensschwangerschaft" in einer christlichen Gemeinde, die deshalb den Ehrennamen „Glaubensmütter" verdienen. Musste nicht Paulus nach seiner erleuchtenden Begegnung mit dem Auferstandenen vor Damaskus in die Stadtgemeinde, um an der Hand des Geburtshelfers Hananias auf dem Weg seiner christlichen Geburt voranzukommen (Apg 22,6–16)? Der Erste Petrusbrief bewegt sich schon in Bildern des Säuglingsalters: *Verlangt, gleichsam als neugeborene Kinder, nach der unverfälschten, geistigen Milch, damit ihr durch sie heranwachst und das Heil erlangt* (1 Petr 2,2). Offenbar soll aber im Lauf einer christlichen Glaubensgeschichte dieser Zustand überwunden werden. Sonst könnte Paulus mit Blick auf einige in der Gemeinde von Korinth nicht klagen: *Milch gab ich euch zu trinken statt fester Speise; denn diese konntet ihr noch nicht vertragen. Ihr könnt es aber auch jetzt noch nicht* (1 Kor 3,2). Ähnlich im Hebräerbrief: *Denn obwohl ihr der Zeit nach schon Lehrer sein müsstet, braucht ihr von neuem einen, der euch die Anfangsgründe der Lehre von der Offenbarung Gottes beibringt; Milch habt ihr nötig, nicht feste Speise* (Hebr 5,12).

Ist eine Gemeinde erwachsen geworden, dann gelten andere Regeln. Jetzt belehrt einer die andere und umgekehrt: *Das Wort Christi wohne mit seinem ganzen Reichtum bei euch. Belehrt und ermahnt einander in aller Weisheit! Singt Gott in eurem Herzen Psalmen, Hymnen und Lieder, wie sie der Geist eingibt, denn ihr seid in Gottes Gnade* (Kol 3,16). Noch mehr: Am Ende ist jede, jeder derart glaubensgebildet, dass er, dass sie keiner Belehrung mehr bedarf: *Für euch aber gilt: Die Salbung, die ihr von ihm empfangen habt, bleibt in euch und ihr braucht euch von niemand belehren zu lassen* (1 Joh 2,27).

Im Glauben erwachsen zu werden[107]: Das setzt Glaubensbildung[108] voraus. Der erwachsene Christ ist jemand, der sich mit

Zeitgenoss/innen über den Glauben inhaltlich wie sprachlich kompetent ausdrücken kann. Er wird nicht nur bekennen, sondern zugleich begründen. Glaube und Vernunft gehen eine schöpferische Verbindung ein: eine Liaison, die für christliche Kirchen immer schon charakteristisch war. Glaube scheut nicht das Licht der Vernunft, wie umgekehrt die Vernunft dem Licht des Glaubens nicht schadet.[109]

Christliche Kirchen haben dazu eine beachtliche Erwachsenenbildung aufgebaut. Einer ihrer wichtigsten Zweige ist die theologische Erwachsenenbildung. Diese hat hohe Bedeutung nicht nur wegen des Dialogs mit Menschen einer Bildungsgesellschaft. Vielmehr ist der theologisch gebildete Laie (Frau wie Mann) auch aus ekklesiologischen Gründen unverzichtbar. Die Kirche baut sich auf aus Menschen, die Gott zu seinem Volk beruft. Dieses Hinzugefügtwerden zum Gottesvolk wird sakramental in den von Amtsträgern geleiteten Feiern der Eingliederung in die Kirche begangen. Gott beansprucht nun seine *laoi*, die Mitglieder seines Volks, als Zeugen für sein Erbarmen und seine Liebe, die in Jesus von Nazaret, seinen Taten und Worten, ein menschliches Gesicht bekommen haben. Dieses Zeugnis gibt das Gottesvolk gemeinschaftlich, aber auch jede und jeder für sich.

Jede und jeder, den Gott seinem Volk hinzufügt, ist für das Leben und Wirken dieser „Familie Gottes" verantwortlich. Alle haben eine Begabung zum Wohl des Gottesvolkes (ein Charisma), jede und jeder trägt in seiner Weise etwas bei: was sie trotz ihrer fundamentalen Gleichheit an Würde und Berufung voneinander unterscheidet. Wer aber mitwirkt, gestaltet auch mit, entscheidet mit. Zu all dem braucht der zeitgenössische Christ aber ein beträchtliches theologisches Wissen. Wie soll denn jemand mitreden, wenn er von der Geschichte Gottes mit seiner Welt und darin der Kirche Gottes und ihrem Wirken nicht viel versteht? Die Kirchen tun daher alles Erdenkliche, um nicht nur den existentiellen Glaubensakt, sondern auch das Wissen um den Glauben zu fördern. Hier hat die Kirche eine Verantwortung den Getauften gegenüber. Der Verantwortung der Gemeinschaft entspricht aber auch eine Verantwortung des Kirchenmitglieds für seine Persönlichkeitsbildung und darin eigene theologische Bildung.

Nur gebildete Menschen, Wissende also, sind in der Lage, Unwissende zu belehren. Ihre Selbstbildung[110] befähigt sie zum geistigen Werk der Barmherzigkeit, Unwissende zu belehren.

Den Zweifelnden Recht raten – vom Dienst der Beratung

In vormodernen Gesellschaften waren die Menschen vielleicht nicht glücklicher. Aber sie wussten verlässlich, wer sie sind und wie sie zu leben haben. Dieses war nicht in ihr eigenes Ermessen gestellt. Es war ihnen vorgesetzt. Alle gesellschaftlichen Autoritäten (Eltern, Richter, Lehrer, Pfarrer) „trichterten" ihnen ihr „Lebenswissen" ein. Es gab davon nur eines. In Europa war es lange Zeit vom Christentum geprägt, das mit Staat, Gesellschaft und Kultur unentflechtbar verwoben war. Insbesondere in der Zeit nach der Reformation und den nachfolgenden Religionsfriedensschlüssen hatte etwa in Österreich eine Bürgerin, ein Bürger nur die „Wahl", katholisch zu sein, oder musste damit rechnen, ins Jenseits oder in späteren milderen Zeiten ins Ausland ausgewiesen zu werden.

Diese vormodernen Zeiten sind vorbei. Freiheit wurde errungen: die Freiheit zur Wahl. Heute kann jede und jeder alles selbst wählen – weithin zumindest: was jemand glaubt, wie jemand seine Sexualität kultiviert, wie jemand sein Leben stilisiert. Nur eines kann sie, kann er nicht mehr wählen: ob er wählen will. Es gibt einen stillen Zwang zur Wahl, oder wie der Austroamerikaner Peter L. Berger es formulierte, einen Zwang zur „Häresie". Die Bandbreite für das Wählen ist beträchtlich breit. Von einer Multioptionsgesellschaft ist die Rede.

Mit der Freiheit mehrte sich Individualität. Menschen können sich originell entwickeln (obgleich nicht sicher ist, ob es nicht in repressiveren Zeiten mehr Originale gegeben hat, damals in der Gestalt der Narren oder in den totalitären Zeiten als Kabarettisten und Schriftsteller). Persönlichkeit ist gefragt. Freiheit birgt also enorme Entwicklungschancen, vor allem wenn sie mit Reichtum verbunden ist. Junge Menschen spüren das heute immer mehr, dass man ihnen sagt, sie sollten ihre Chancen nützen. Dabei haben immer mehr das Gefühl, dass die zynische Botschaft der Gesellschaft an sie heißt: „Du hast keine Chance, also nütze sie."

Hier deutet sich an, dass Freiheiten riskant geworden sind. Die Freiheitsgesellschaft ist zugleich eine Risikogesellschaft (Ulrich Beck). Wenn jeder für sich selbst verantwortlich ist, hat er nicht nur Chancen, sondern trägt auch die volle Last der Risiken. Wird er Arbeit finden? Wird die Beziehung halten? Wird er, wird sie gesund bleiben? Und noch mehr: Wie wird sich das Klima entwickeln, wird es atembare Luft in den von Feinstaub belasteten Städten geben und trinkbares Wasser? Wird der Frieden erhalten bleiben oder der Terror Oberhand gewinnen? Risiken über Risiken.

So stellen immer mehr moderne Zeitgenoss/innen die Frage, ob der Zugewinn an Freiheit auch wirklich einen Zugewinn an stabilem Glück bedeutet. Oder noch genauer gefragt: Wie kann der Einzelne angesichts der zugemuteten Freiheit den Weg zu einem geglückten Leben finden, das in seine ureigene Hand gelegt ist?

In solchen Zeiten scheitern immer mehr. Lebenspläne zerbrechen. Die Flucht aus den alltäglichen Überforderungen nimmt zu, viele flüchten in (psychosomatische) Krankheiten. Riskantes Leben hat keine Garantie auf Glücken und Gelingen. Die gewonnene Freiheit erweist sich als verletzlich. Das Leben der für sich selbst Verantwortlichen kann leicht Schaden nehmen.

Beratung

Moderne Gesellschaften reagieren auf dieses Phänomen, zumal Scheitern auch teuer kommt. Die Volkskrankheit Nummer eins, die Depression, kostet die Volkswirtschaften viel. Für beschädigtes Leben sind „Reparaturwerkstätten" eingerichtet. Beratungsdienste florieren als neue Berufe: für die Arbeit, die Gesundheit, für die Ehe und die Liebe, für das Kinderkriegen, für das Kaufen, für Unternehmen, und ganz allgemein für das Lcben.

Ziel solcher Beratung ist es, dem überforderten Einzelnen „Energien" zuzuführen. Inmitten der Unübersichtlichkeit soll der Einzelne wieder einen „Durchblick" bekommen. Das Vertrauen in die eigenen Kräfte wird gefördert. Freiheit und Verantwortung werden nicht abgenommen, sondern gestärkt. Die eigene Handlungsfähigkeit gilt es wiederherzustellen.

Erst wenn diese Unterstützung des Einzelnen durch die von der Gemeinschaft zur Verfügung gestellten Beratungsdienste scheitert, übernimmt die Gemeinschaft Verantwortung. Betreuung setzt ein, wie etwa bei überforderten Jugendlichen oder bei Menschen mit Behinderung durch betreutes Wohnen.

Gemeindeberatung

Beratung ist heute auch innerhalb christlicher Kirchen angebracht. Ausgehend von der evangelischen Kirche haben sich auch katholische Diözesen dazu entschieden, eigene Gemeindeberater auszubilden und den Gemeinden zur Verfügung zu stellen.

Solche Beratung soll die Gemeinden unterstützen und entlasten. Die christlichen Kirchen stehen heute zumindest in Westeuropa in einer tiefen Umbaukrise. Die Konstantinische Ära geht unaufhaltsam zu Ende. Dass Religion nicht mehr kulturell gestütztes Schicksal, sondern persönliche Wahl ist, hat Auswirkungen auf das Kirchenverhältnis breiter Bevölkerungskreise: auf die Kirchenmitgliedschaft, den Kirchgang, damit auch auf die Kirchenfinanzen. Der opulente Kirchenbetrieb, den sich manche Kirchen in finanziell berechenbaren Zeiten leisten konnten, wird unfinanzierbar. Dazu kommt der Mangel an verfügbaren Priestern.

Nicht wenige Kirchengebiete reagieren auf diese Krisen mit einem strukturellen Rückbau des ererbten Kirchenbetriebs. Zukunftsfähigkeit wird dadurch aber nicht gewonnen. Es wird ein „Untergang“ verwaltet, kein Übergang gestaltet: Der Untergang nicht der Kirche, wohl aber einer eingespielten und über Jahrhunderte bewährten Kirchenstruktur.

In einer solchen Zeit ist strukturelle Kreativität gefragt. In die vergehenden Strukturen (einer kulturell breit abgestützten Volks- und Großkirche) sind oasig Elemente einer kommenden

Kirchengestalt (versuchsweise) zu implementieren. Das braucht mutige Projekte und eine kluge Evaluierung, um das herauszufinden, was sich auch wirklich bewährt. Stichworte des Kommenden sind: Mission mit neuer Qualität, nicht nur Mitglieder, sondern Zeugen, Ehrenamtlichkeit (ein Teil der Priester einschließlich), Netzwerke, pastorale Zentren, Projekte.[111] In solchen Zeiten wachsen einer kompetenten Gemeindeberatung viele Aufgaben zu. Sie wäre jetzt nicht mehr nur dazu da, bei Konflikten zu vermitteln, wenn den Gemeinden die Lösungsressourcen knapp werden. Vielmehr ist gemeindeberaterische Unterstützung den aufbruchfreudigen Gemeinden zu geben. Ziel solcher struktureller Umbaumaßnahmen, die nicht nur eine Altbausanierung der Kirche bieten, ist es, dass Gemeinden lebendiger werden und dass sich in den Gemeinden Menschen sammeln, die hoffen, lieben und glauben und die stets bereit sind, *jedem Rede und Antwort zu stehen, der nach der Hoffnung fragt, die euch erfüllt* (1 Petr 3,15).

Beratung oder Politik

So wertvoll Beratung als Überlebenshilfe für viele moderne Zeitgenoss/innen ist: Sie hat auch einen schalen Beigeschmack. Das wertvolle Ziel, Lebensfähigkeit Einzelner wiederherzustellen und zu stabilisieren, ist letztlich „konservativ". Es bewegt sich auf der Ebene der Symptome, nicht der Systeme. Gute Beratung nimmt zumindest im Mikrobereich – etwa der Familie – auch das familiale System in Blick und versucht, heilende Veränderungen in Gang zu setzen. Denn es nützt wenig, im Beratungslabor „Fische" zu heilen und sie dann wieder ins krankmachende Fischwasser etwa einer unheilen Familie zurückzugeben.

Beratung aber ist nicht Gesellschaftsreform. Zumindest steht das nicht auf dem Programm. Es geht um den Einzelnen inmitten der bestehenden Gesellschaft, nicht aber um die Gesellschaft, die immer mehr überfordert und dadurch Beratungsbedarf verursacht. Moderne Gesellschaften, wollen sie ihr menschliches Gesicht wahren, brauchen daher nicht nur kurative Beratung, sondern zugleich Politik zur Veränderung krankmachender gesellschaftlicher Verhältnisse. Mit anderen Worten: Beratung ist Rehabilitation, Politik Prävention.

Institutionen

Eines der präventiven Programme könnte eine Neubewertung von Institutionen und mit ihnen von Normen und Autoritäten sein. Seit der Achtundsechzigerrevolution stehen diese in schlechtem Ruf. Sie gelten als repressiv, also freiheitsmindernd und freiheitsberaubend. Die Institution Ehe etwa behindere die Freiheit des Liebens. Die religiösen Institutionen wiederum wurden bezichtigt, Glaubensfreiheit zu mindern und den moralischen Spielraum des Einzelnen normativ einzuengen. Und das alles funktioniere nur auf der Basis eines freiheitsmindernden Verständnisses von Autorität: in allen gesellschaftlichen Bereichen, in den Familien, in den Schulen, in Arbeit und Wirtschaft, im öffentlichen Leben.

Wer also die Freiheitsgrade des Einzelnen in allen Lebensbereichen mehren wollte, musste gegen diese repressive „Dreifaltigkeit" (Institutionen, Normen, Autoritäten) antreten und deren Einfluss schwächen. Das ist inzwischen auch weithin geschehen. Religiöse Institutionen (Kirchen) haben heute immer weniger die soziale Mächtigkeit, die individuelle Religiosität sowie die Lebensführung selbst ihrer eigenen Mitglieder (von außen) zu formen. Die Menschen machen von ihrer Wahlfreiheit extensiv Gebrauch. Sie sind in einem strengen Sinn dieses Wortes „Auswahlchristen" geworden. Das bedeutet nicht, dass die Wahl immer gegen das Evangelium ausgeht. Doch sind Glauben und Moral, noch mehr aber kirchliche Vorstellungen davon, ein Thema individueller Wahl geworden. Das verursachte eine hohe Mobilität auch im religiösen Bereich. Annäherung und Entfernung sind ohne soziale Nachteile möglich, Austritte, aber auch Eintritte häufen sich. Wählerisch sind insbesondere Katholik/innen hinsichtlich der moralischen Normen ihrer eigenen Kirche geworden. Als Paul VI. gleich am Beginn der Achtundsechzigerrevolution das Pillenverbot erließ, mussten Bischofskonferenzen darauf hinweisen, dass eine solche Norm das eine, die Prüfung durch das „Gewissen" des Einzelnen aber das andere ist. Ähnlich ist es bei vielen anderen Fragen nicht nur im Bereich der Sexualmoral, sondern auch der sozialethischen Vorstellungen der Kirche zur Todesstrafe, zu Fragen des Friedens und der Gerechtigkeit (wie etwa die unterschiedlichen Meinungen auch unter Katholik/innen zum Irakkrieg zeigten) oder auch zum Verhältnis des europäischen Christentums zum Islam.

Die Entinstitutionalisierung des Lebens, die Relativierung undiskutierter Normen sowie die Entzauberung der Autoritäten ist inzwischen weithin abgeschlossen. Es gibt kaum noch moderne Zeitgenoss/innen, die unter Repressionen leiden, und wenn das der Fall ist (wie beim Mobbing oder beim Stalking), erhalten sie rasch gesellschaftliche Unterstützung.

Im gleichen Maße, in dem Repressionen abgenommen haben, haben in den letzten Jahren Depressionen zugenommen. Depressionen sind – zwar nicht immer, aber häufig – Symptome einer überangestrengten Freiheit. Man fühlt sich überfordert. Das Verhältnis von Herausforderung und verfügbaren Ressourcen geht zu Ungunsten der Kräfte aus.

Damit taucht als neue Frage jene nach der Entlastung der einzelnen Freiheiten auf. Diese kann durch Beratung erfolgen. Manche fragen aber weiter. Wäre es nicht sinnvoll, die Einzelnen präventiv zu entlasten? Wer nach solchen präventiven Entlastungen sucht, stößt überraschenderweise wieder auf die Institutionen und in deren Umfeld auf tragende Gemeinschaften. Institutionen haben nämlich zwei Seiten, eine freiheitsbegrenzende und eine freiheitsermöglichende.

Freiheitsbegrenzend sind sie in ihrer inneren Logik, weil sie Handlungsmuster verbindlich vorlegen. Vielleicht haben jene Wissenssoziologen (wie Peter L. Berger oder Thomas Luckmann) Recht, die annehmen, dass Menschen, um zu überleben, Handlungen setzen, diese, wenn sie sich bewährt haben, wiederholen. So werden aus einzelnen geglückten Handlungen Handlungsmuster. Das erspart den Menschen Zeit und Anstrengung, „das Lebensrad immer wieder neu erfinden zu müssen". So geht das gut, sagt man. So machen wir das eben. Hier wird auch schon sichtbar, dass die bewährten Handlungsmuster nicht mehr nur Gut des Einzelnen sind (dieser zählte in vormodernen Zeiten nicht so viel wie in unseren hoch individualisierten Gesellschaften), sondern der Gemeinschaft. Die Handlungsmuster werden also als Schatz der Kultur einer Gesellschaft allgemein verbindlich. Die wichtigsten Überlebensaufgaben werden mit solchen bewährten Handlungsmustern ausgestattet. Auch die nachfolgende Generation wird von ihnen unterrichtet und verpflichtet, sich an diese zu halten. Das ist die Geburtsstunde der Institutionen. Der gesamte menschliche Fortschritt und der kulturelle Reichtum verdanken sich ihnen.

Es ist just derselbe menschliche (wirtschaftliche, geistige, soziale, politische) Fortschritt, der überkommene Institutionen wieder verflüssigt und damit vor der Erstarrung schützt. Institutionen wandeln sich, obgleich ihre Grundaufgaben gleich bleiben. Solche sind: Wie werden jene Güter produziert, die eine Gesellschaft zum Überleben braucht, und wie wird das Leben reproduziert, ohne das eine Gesellschaft nicht überleben würde? Die Produktion von Gütern und die Reproduktion des Lebens sind daher bleibende „institutionelle" Aufgabenfelder. Dazu kommen die Institutionen der Tradierung angesammelten Lebenswissens und deren Weiterentwicklung (wie Erziehung, Bildung, Wissenschaft), aber auch die Institutionen der Weltdeutung (wie Philosophie, Religion).

Institutionen erweisen sich aber nicht nur freiheitsbegrenzend, sondern setzen zugleich *Freiheit frei*. Sie entlasten den Einzelnen, alle Herausforderungen seines individuellen Lebens allein zu meistern. Er kann an den guten Erfahrungen anderer teilhaben. So kommt es, dass sich heute immer mehr Menschen wieder zu Netzwerken zusammenfügen. Mütter (und manchmal auch Väter) tauschen ihre Erfahrungen über die Kleinkinder aus. Spirituell Suchende gehen in Gemeinschaften, um für ihre Sehnsucht bewährte Wege zu entdecken. Wer sich um die Bewohnbarkeit der Welt sorgt, schließt sich einer ökologischen Bewegung an. Solche Netzwerke bilden sich manchmal neben den großen alten Institutionen. Sind die Verantwortlichen alter Institutionen (wie beispielsweise Kirchen) klug und zeitsensibel, dann fördern sie die Bildung solcher Netzwerke unter ihrem schützenden Dach. Dann entstehen Basisgruppen, formieren sich geistliche Bewegungen, werden neue Kommunitäten gegründet. Institutionen werden dann nicht mehr als bedrohlich erlebt, sondern als ein Raum, in dem mehr Freiheit möglich ist als außerhalb ihres schützenden Raumes.

Dasselbe lässt sich von Normen und Autoritäten sagen. So suchen heute gerade im spirituellen Bereich nicht wenige Sinnhungrige Gurus. In den asiatischen Religionen sind das nicht Leute, welche Freiheitsflüchtern ihre Freiheit und Verantwortung abnehmen – auch wenn es immer mehr Menschen gibt, die versuchen, die ihnen lästig gewordene Last der Freiheit loszuwerden. Vielmehr ist es Aufgabe des Meisters, den Schüler seinen je eigenen spirituellen Weg finden zu lassen und zuzusehen, dass er ihn auch geht. Karl Rahner, einer der größten Theologen der Neuzeit, hat inmitten der gesellschaftlichen Krise von Autoritäten 1972 gefragt: „Wo gibt es denn noch die ‚geistlichen Väter', die christlichen ‚Gurus', die das Charisma einer Einweisung in die Meditation, ja in eine Mystik haben, in der das Letzte des Menschen, seine Vereinigung mit Gott, in einem heiligen Mut angenommen wird? Wo sind die Menschen, die den Mut haben, Schüler solcher geistlichen Väter zu sein? Ist es denn eigentlich selbstverständlich, dass es ein solches Meister-Schüler-Verhältnis nur noch säkularisiert in der Tiefenpsychologie gibt?"[112]

Aber auch Normen könnten entlasten. Der freie Markt der Liebe ist anstrengend geworden, das Glück flüchtig. Es wäre gut, gäbe es verbindliche und allgemein angenommene Spielregeln. In Netzwerken bilden sich auch solche wieder aus und entlasten. So macht es auch in der Liebe durchaus Sinn, darüber nachzudenken, ob es nicht Grenzen in der Belastbarkeit gibt, in dem, was ich den anderen an „Freiheiten" zumuten kann. Aus der ökologischen Erfahrung kann gelernt werden, dass ständige kleine Belastungen des Systems auf den ersten Blick nicht schaden, aber wenn sich genug davon angehäuft haben, das System als Ganzes kollabieren kann. Die Liebe ist einem ökologischen System sehr ähnlich. Wäre es nicht auch klug, statt Leid immer erst hinterher zu mindern, es präventiv zu meiden? Das war immer schon der eigentliche Sinn von Normen und Geboten. Die zehn „Gebote" des Alten Testaments waren Weisungen zum Leben, das Gott als Vor-Gabe seinem Volk eröffnet hat, indem er es aus der Sklaverei in Ägypten befreit hat und in das vor Leben strotzende Land Kanaan geführt hat: Also – so der Dekalog sinngemäß – hast du es nicht mehr nötig, den anderen umzubringen, ihm Hab und Gut zu rauben, die Ehe zu zerstören. Das alles wird dir gelingen, wenn du dein Leben auf den einen Gott setzt, weshalb das erste Gebot den freien Menschen für respektvolle Liebe zu seinem Gott gewinnen will.

Den Zweifelnden Recht raten – dieses geistige Werk der Barmherzigkeit entfaltet sich somit in modernen Gesellschaften in mehrere Richtungen. Es ereignet sich dann, wenn professionell oder auch nur alltäglich Rat gegeben wird. Es findet seine Verwirklichung, wenn Institutionen, Normen und Autoritäten den Einzelnen in der ihm zugemuteten Freiheit entlasten.

Die Sünder zurechtweisen – warum nicht Bekehrung zumuten?

Das geistige Werk der Barmherzigkeit *Sünder zurechtweisen* scheint in unseren modernen Kulturen keinen Platz zu haben.

Das trifft schon allein deswegen zu, weil wir alle denkbaren Formen der Fremdbestimmung und *Zurechtweisung* ablehnen. Wie jemand lebt, das ist zur privaten Angelegenheit der Einzelnen, des Einzelnen geworden. „Jeder soll sein Leben so leben können, wie er, wie sie es für richtig erachtet“: Einem solchen Satz stimmen im modernen Europa Mehrheiten von mindestens 80% zu. Solange mich die Lebensart eines anderen nicht stört oder sie niemanden schädigt, soll jede, jeder unbehelligt den je eigenen Lebensweg gehen können. Jeder soll nach seiner Façon selig werden, so ein unangreifbarer Standardsatz.

Schwierig ist dieses geistige Werk aber nicht nur wegen des „Zurechtweisens“, sondern auch wegen des Begriffs *Sünder.* Die biblische Tradition geht zwar davon aus, dass jeder Mensch nicht nur sündenanfällig ist, sondern auch real sündigt. *Wer von euch ohne Sünde ist, werfe als Erster einen Stein auf sie (Joh 8,6)*: Jesus schützt damit die von Steinigung bedrohte Ehebrecherin. *Wenn wir sagen, dass wir nicht gesündigt haben, machen wir ihn zum Lügner und sein Wort ist nicht in uns* (1 Joh 1,10). Solche erschreckenden Aussagen setzen aber voraus, dass jemand weiß, was Sünde ist, mit diesem alten religiösen Wort etwas anfangen kann und nicht zuletzt auch annimmt, dass es Sünde gibt.

Nicht wenige Zeitgenossinnen und Zeitgenossen leben aber, so der tiefschürfende Beschluss der Gemeinsamen Synode der deutschen Bistümer aus dem Jahre 1975 mit dem Titel „Unsere Hoffnung“, in einem folgenschweren unheimlichen Unschuldswahn und wenden bei sich selbst und kollektiv unheimliche Entschuldigungsmechanismen an:

„Dieses Bekenntnis unserer Hoffnung trifft auf eine Gesellschaft, die sich von dem Gedanken der Schuld selbst immer mehr freizumachen sucht. Christentum widersteht mit seiner Rede von Sünde und Schuld jenem heimlichen Unschuldswahn, der sich in unserer Gesellschaft ausbreitet und mit dem wir Schuld und Versagen, wenn überhaupt, immer nur bei ‚den anderen' suchen, bei den Feinden und Gegnern, bei der Vergangenheit, bei der Natur, bei Veranlagung und Milieu. Die Geschichte unserer Freiheit scheint zwiespältig, sie wirkt wie halbiert. Ein unheimlicher Entschuldigungsmechanismus ist in ihr wirksam: die Erfolge, das Gelingen und die Siege unseres Tuns schlagen wir uns selbst zu; im Übrigen aber kultivieren wir die Kunst der Verdrängung, der Verleugnung unserer Zuständigkeit, und wir sind auf der Suche nach immer neuen Alibis angesichts der Nachtseite, der Katastrophenseite, angesichts der Unglücksseite der von uns selbst betriebenen und geschriebenen Geschichte. Dieser heimliche Unschuldswahn betrifft auch unser zwischenmenschliches Verhalten. Er fördert nicht, er gefährdet immer mehr den verantwortlichen Umgang mit anderen Menschen. Denn er unterwirft die zwischenmenschlichen Verhältnisse dem fragwürdigen Ideal einer Freiheit, die auf die Unschuld eines naturhaften Egoismus pocht."[113]

Es mag durchaus sein, dass sich hinter der Ablehnung der Vorstellung von Sünde falsche Bilder von dieser verbergen. Abgelehnt wird dann nicht die Sache, wohl aber die Vorstellung von ihr. Dass vielen Zeitgenossen der Zugang zum Begriff „Sünde" verwehrt ist, mag auch damit zu tun haben, dass dieser volkserzieherisch jahrhundertelang „autoritär" verkürzt wurde. Sünde meinte dann eine Beleidigung der göttlichen Autorität, die dem Menschen (oftmals verständliche) Gesetze auferlegt und deren Übertretung bestraft. Nicht selten geht mit einer solchen autoritären Vorstellung das Gefühl einher, Menschen könnten intensiver leben, würden sie sich nicht an die Gebote halten müssen. Viele Zeitgenoss/innen praktizieren das vor allem im Bereich der kirchlichen Gebote zur Kultivierung menschlicher Sexualität. Viele Zeitgenoss/innen verstehen nicht, warum das Persönlichste, nämlich die Liebe und ihr Ausdruck in sexuellen Begegnungen, an – wie sie meinen – fremdbestimmende Institutionen und Normen gebunden sein sollen. Es ist vielen auch unverständlich, warum beispielsweise (angeborene) Homosexualität immer und in jedem Fall eine Sünde sein soll – wo doch moderne Wissenschaft dafür spreche, dass es eben eine der in der Menschheit vorfindbaren Varianten sexueller Orientierung ist. Viele moderne Menschen haben sich nicht nur von den (kirchlich) überlieferten Sexualvorstellungen gelöst, sondern im gleichen Atemzug auch von einem Verständnis für Sünde, genauer: für eine bestimmte Vorstellung von Sünde.

Wie aber soll man Sünder zurechtweisen, wenn sich niemand mehr für einen Sünder hält? Sollte man also dieses geistige Werk der Barmherzigkeit nicht doch besser aus dem Katalog streichen?

In der Tat, für dieses Werk wäre nur dann jemand zu gewinnen, wenn er neu verstehen lernte, was Sünde ist, und zudem, was Tiefensolidarität unter Menschen ist, die es sinnvoll macht, dass wir einander zurechtweisen.

Schuld und Sünde

Der Mensch ist mit schöpferischer Freiheit begabt. Gläubig besehen, ist er nicht zuletzt auch deshalb ein Ebenbild Gottes, weil er schöpferisch ist: Gott mutet ihm zu, dass er sich ein Leben lang selbst erschafft und in diesem Sinn „selbst verwirklicht". Insofern aber diese „Selbsterschaffung" in Freiheit geschieht, kann sie gelingen wie misslingen.

Nun ist nicht jedes Misslingen dem einzelnen Menschen zuzurechnen.[114] Es gibt Verstrickungen, welche die Freiheit einschränken, ja rauben. Was wir in unserer Freiheit sind, sind wir als geschichtliche Wesen, eingebunden in eine kollektive Geschichte einer Kultur. Uns prägen die guten wie die bösen Seiten der Tradition. Vieles ist also vorfindbar, nur wenig erfindbar.

Aber es gibt für jede und jeden einen freien Gestaltungsraum. Innerhalb dieses Raumes haben wir die Freiheit, das zu werden, worauf wir von Anfang an hin erschaffen sind: in Gottes Art Liebende.

Ist der Blick auf einen selbst aus Angst nicht verstellt, dann spürt jede und jeder, wie sehr eine solche Vision, ein Liebender zu werden, mit der Wirklichkeit unseres Lebens in Spannung steht. Wir bleiben stets hinter dem zurück, was in unserem Leben – von Gott her gesehen – möglich wäre. Noch mehr, nicht nur im eigenen Leben unterbleibt viel Gutes: wir beschädigen nicht selten auch das Leben anderer. Leben kommt dann nicht auf, sondern um. Wo solches in Freiheit geschieht, sollte von Schuld geredet werden.

Ereignet sich solches Schuldigwerden unter den Augen Gottes, ist der Begriff Sünde angebracht. Sünde ist dann zwar die Übertretung eines göttlichen Gebotes. Aber die Gebote Gottes haben eine lebensförderliche und zugleich Leid vermeidende Seite. Denn Gottes „Uranliegen“ für den Menschen – zunächst in Israel – heißt *Lebe!* (*Ez 16,16*). Auch Jesus ging es darum, *dass wir das Leben haben und es in Fülle haben* (*Joh 10,10*) – wobei auch dieser Hoffnungssatz zunächst im Blick auf die Jünger gesagt ist.

Eine christliche Schöpfungstheologie lässt dies für alle Menschen erhoffen. Jede und jeder ist *ex amore* erschaffen (Weish 11,24–26), mit dem Ziel, Gott selbst und seine Liebe aufzunehmen und aus der Kraft dieser empfangenen Liebe eine Liebende, ein Liebender zu werden. Das nicht zu sein und zu werden, also das Leben in diesem seinem tiefsten Sinn nicht zu wagen, das eigene oder jenes anderer zu beschädigen, widerspricht daher Gottes „Anliegen“, seinen Worten, seiner Weisung zum Leben (so die genauere Übersetzung des „Gebote Gottes“ im Deuteronomium[115]).

Dass wir schuldig werden, nehmen wir nicht nur mit unserem Verstand wahr, obgleich jeder reife Mensch ein Schuldbewusstsein entwickelt, wenn er schuldig wird. Es gibt auch Schuldgefühle, die freilich manchmal ihren realen Boden verlieren. Sie sind dann freischwebend, übrig geblieben von früheren wirklichen oder vermeintlichen Schulderfahrungen. So haben nicht wenige Menschen ein mulmiges Gefühl, wenn sie zum Vorgesetzten gerufen werden: „Was habe ich wohl falsch gemacht?“, fühlen sie. Andere werden Schuldgefühle im Bereich sexueller Erfahrung nicht los, die sie als Kinder durch zwanghafte Erziehung gelernt haben. Dennoch: Der Mensch erkennt sich nicht nur, sondern erfühlt sich auch. So ist Schuld zumeist von einem Schuldbewusstsein und einem Schuldgefühl begleitet. Und beides kann, so der einfühlsame Text der

Gemeinsamen Synode „Unsere Hoffnung", durch eine kollektive Gegenstimmung unterdrückt werden.

Dann aber ist es wie bei der bloßen Unterdrückung des Schmerzes. Natürlich hat seine „Bemäntelung" durch *palliative* Medizin einen hohen Wert und ermöglicht vielen ein Leben und „Sterben in Würde und Charakter" (Cicely Saunders). Doch ist nicht jede Beseitigung von Schmerz hilfreich. Im Gegenteil: Schmerzunterdrückung zur unrechten Zeit kann auch zum Schaden eines Menschen geschehen. Denn Schmerz hat Signalwirkung. Er macht den leidenden Menschen darauf aufmerksam, dass er bedroht ist, körperlich, seelisch oder häufig beides in einem. Schmerz ist wie ein Warnsignal. Wird dieses übersehen oder abgeschaltet, bevor die Warnung verstanden ist, dann schadet dies dem Menschen und verschärft die Gefährdung des Lebens. Ist es nicht bei Schuldgefühlen ähnlich? Bilden sie nicht eine lebensrettende Warnung, dass der eingeschlagene Lebensweg verkehrt ist?

Umkehr

Von daher gewinnt zunächst das verbrauchte Wort „Umkehr" neuen Sinn. „Umkehr" könnte bedeuten, jenen Weg zu verlassen, auf dem (eigenes oder fremdes) Leben umkommt statt aufkommt. Umkehr hieße, einen neuen Weg einzuschlagen – vielleicht gar nicht auf die alten Wege zurückzukehren, sondern einsichtig geworden durch Lebensumwege (wie der jüngere Sohn im Gleichnis Jesu vom Erbarmen des Vaters) einen neuen Weg einzuschlagen. Entscheidend ist, dass sich die Lebensrichtung ändert, wenn jemand umkehrt. Anders werden damit auch die Prioritäten im Leben, die Wichtigkeiten, die Lebensthemen.

„Denkt um“, *metanoete*, so rufen der Täufer und Jesus den betroffenen Zuhörenden zu.

Umkehren in dieser Art ist Zugewinn. Dem Leben in Liebe wird Raum gegeben – oder wieder in den Worten Jesu: dem „Reich Gottes“, dessen innerste Mitte der liebende Gott ist und dessen Grundgesetz umfassende Liebe zu Gott und den Menschen ist.

Wie heilsam solche „Umkehr“ auch für moderne Menschen ist, zeigt die hohe Bedeutung, welche die Psychotherapie in postreligiösen Zeiten genießt. In diese ist ausgewandert und wird professionell bearbeitet, was im Zuge der autoritären Verengung der kirchlichen Bußpraxis zu ersticken drohte: die angstfreie Bearbeitung von Schuld und damit die Befreiung zu neuem Leben durch Umkehr. Allerdings suchen heute immer mehr Psychotherapeuten nach spirituellen Quellen und damit den Dialog mit sensiblen Seelsorgern. Ahnen sie, dass Schuldigwerden nicht selten mit einer tief sitzenden Daseinsangst des Menschen zu tun hat, damit einer Angst vor Vergänglichkeit und Endlichkeit, aber auch von Minderwerten archaischer Art? Spirituelle Kräfte erweisen sich gerade in solcher Seelentiefe als heilsam.

Bekehrung

Umkehr, in die Hand des freien Menschen gelegt, mag der freiheitsliebende Zeitgenosse akzeptieren. Aber trägt das Wort „Bekehrung“ nicht den Geruch der Fremdbestimmung an sich? Wird es nicht zu Recht mit religiöser Gewalttätigkeit in Verbindung gebracht: also mit Zwang zum (vermeintlich) Guten? Wurde Bekehrung nicht allzu oft gegen den Menschen missbraucht, um Herrschaftssysteme (wie jenes der Habsburger nach den Religionsfriedensschlüssen von 1555 und 1648) zu sichern? Der Abschied vom Wort „Bekehrung“ erscheint also für Freiheitskünstler vernünftig.

Bei allem Zugewinn – brachte dieser Abschied nicht auch Verlust? Ein ähnliches Schicksal hat im Übrigen auch das Wort „Mission“ erlitten. Wir verbinden heute damit eher den Verdacht, dass kulturell Wehrlosen mit Macht unsere Weltanschauung und damit unsere Kultur übergestülpt werden soll. Damit solches nicht mehr geschehen kann, haben wir den Glauben in das unzugänglich Innere des Einzelnen verbannt. Die Folge davon ist, dass wir tabuisieren, was wir glauben. Über nichts wird – sieht man vom Einkommen ab – mehr geschwiegen als über das, was jemand zuinnerst glaubt. Feinfühliger Respekt vor der innersten Mitte eines Menschen wird verlangt. Zu Recht.

Zurechtweisen

Denkt man diesen Gedanken radikal zu Ende, stößt man freilich auf eine fragwürdige Grenze. Respekt kann dann nämlich in Desinteresse kippen. Die Achtsamkeit vor der einmaligen Individualität wandelt sich in Entsolidarisierung vom Schicksal des anderen. Kann es aber jemandem, der einen Menschen existentiell liebt, gleichgültig sein, ob das Leben des geliebten Menschen gelingt oder misslingt? Ob der geliebte andere auf einem Weg in Richtung Leben oder in Richtung Tod unterwegs ist? Gibt es also – gerade auf der Basis des Respekts vor der Freiheit des anderen – nicht so etwas wie eine tiefe Solidarität, was das Heil des anderen betrifft, vor allem wenn Liebe die Grundlage der Beziehung zum anderen ist? In der Sprache der Religion ist von Heilssolidarität die Rede. Liebenden Eltern ist es eben nicht egal, ob das Leben ihrer Kinder gelingt oder missrät. Bei allem Respekt vor der Freiheit ihrer Kinder werden sie nicht gleichgültig bleiben, wenn sie ein Kind auf einem Irrweg (wie der Vater im Lukasevangelium seinen ausgezogenen Sohn) sehen. Sie werden dessen Leben mit leidvoller Sorge begleiten und ein Fest feiern, wenn das Kind einen besseren Weg findet.

Das Wort „zurechtweisen" lässt sich also durchaus gewalttätig missverstehen – und ist wohl im Lauf der Zeit auch so verstanden worden. Aber das muss nicht so sein. Das Wort kann auch bedeuten, jemanden zu „weisen", und das auf den Weg von Recht und Gerechtigkeit, auf den „rechten Weg" also. So wäre es nicht mehr Ausdruck von Fremdbestimmung und Missachtung der Freiheit, sondern von jener barmherzigen Liebe, der gerade im Respekt vor der Freiheit des anderen das Gelingen von Leben und Liebe ein Anliegen bleibt.

„Sünder zurechtweisen", auf den ersten Blick altmodisch und verbraucht, könnte gerade so zu einem höchst modernen geistigen Werk der Barmherzigkeit werden – und das aus Liebe zum Leben.

Strukturelle Sünde

Es gibt politische Überlegungen, welche die Modernität des geistigen Werks der Barmherzigkeit „Sünder zurechtweisen" noch mehr erhellen.

Neben der individuellen Sünde gibt es, so eine jüngere Schicht in der kirchlichen Lehrtradition, eine „strukturelle Sünde". Gemeint sind lebensfeindliche Strukturen. Sie fördern nicht das Leben vieler Menschen, sondern belasten, ja zerstören dieses.

Das Zusammenleben der Menschen wird durch Ordnungen geregelt, die von den Machthabern garantiert werden. Ziel gesellschaftlicher Ordnungen ist – im wünschenswerten Idealfall – das „Gemeinwohl". Alle, die zur Gemeinschaft zählen, sollen die Chance auf ein menschenwürdiges Leben haben.

Aber nicht alle gesellschaftlichen Ordnungen haben diese Qualität, dass sie dem Wohl aller dienen. Vielmehr werden Ordnungen von Mächtigen oftmals zu ihrem eigenen Vorteil und damit zum Nachteil anderer geschaffen und aufrechterhalten. Wir haben beispielsweise heute eine „Ordnung" im Welthandel, die von den reichen Nationen erlassen wurde und die den armen Ländern mehr schadet als nützt. Die Folge davon ist weltweite Ungerechtigkeit: In der einen Menschheit werden die einen immer reicher, die anderen immer ärmer. Dass solches geschieht, entspringt aber keineswegs jeweils verantwortbaren Entscheidungen einzelner Kapitaleigner oder Unternehmer. Vielmehr sind es „Strukturen", die nicht Gerechtigkeit sichern, sondern Ungerechtigkeit vermehren. Insofern freilich durch die Mächtigen solche Strukturen nicht verändert, sondern beibehalten werden, machen sich diese mitschuldig an den Opfern etwa einer ungerechten Welthandelsordnung. Der Begriff „Sünde" erweist sich somit in Verbindung mit „strukturell" als höchst modern.

In diesem Zusammenhang gewinnt das Wort „zurechtweisen" noch einmal eine andere brisante Bedeutung. „Zu-Recht-Weisen" heißt jetzt, Menschen aufzufordern, die Politik zu verändern, eine neue Richtung einzuschlagen. Ziel der Zurechtweisung sind Recht und Gerechtigkeit.

Die Zurechtweiser in der Geschichte Israels waren die Propheten. Insofern sie ein „Mund Gottes" waren (was der Name

Prophet wörtlich meint), ist der letzte Zurechtweiser Gott selbst. Ihn bestürmt das Elend der Armen, er hört den Schrei der Unterdrückten: des gemordeten Bruders Abel, des unterdrückten und ausgebeuteten Volkes Israel in Ägypten, der schlecht behandelten (männlichen) Gäste in Sodom, der Fremden, Witwen und Waisen, der Arbeiter, denen ihr überlebenswichtiger Tageslohn vorenthalten wurde. Durch seine Propheten ruft nun Gott selbst oft mit bedrohlichen Worten die Verantwortlichen des Volks, König wie Priester, zur Umkehr: Eine politische Wende wird verlangt.

Schonungslos ist beispielsweise die herbe Kritik des Propheten Amos (um 750 vor Christus). Der Kern seiner prophetischen Anklage: *Sie kennen die Rechtschaffenheit nicht* (Am 3,10a).

So spricht der Herr:
Wegen der drei Verbrechen, die Israel beging,
wegen der vier nehme ich es nicht zurück:
Weil sie den Unschuldigen für Geld verkaufen
und den Armen für ein Paar Sandalen,
weil sie die Kleinen in den Staub treten
und das Recht der Schwachen beugen.
Sohn und Vater gehen zum selben Mädchen,
um meinen heiligen Namen zu entweihen.
Sie strecken sich auf gepfändeten Kleidern aus
neben jedem Altar,
von Bußgeldern kaufen sie Wein
und trinken ihn im Haus ihres Gottes. (Am 2,6–8)

Drei Anklagepunkte bringt der Prophet öffentlich vor:

- Beklagt wird die brutale Ausbeutung der Armen durch die machtvollen Reichen. Es herrschen „frühkapitalistische" Verhältnisse.[116] Die Reichen leben auf Kosten der Armen. Diese werden bedürftig (Am 2,6), hilflos und unterdrückt (Am 2,7) genannt. Schuldlos sind sie den willkürlichen Zumutungen und Forderungen der Reichen ausgeliefert: im sexuellen Bereich, im Abgabewesen, bei Dienstleistungen.
- Unterstützt wird diese Ausbeutung der zunehmend verarmenden Bevölkerung durch eine korrupte Rechtsprechung. Zwar finden Gerichtsverfahren statt, die den Benachteiligten zum Recht verhelfen sollen. Doch Amos deckt auf, was beim Gericht „im Tor" praktiziert wird. Die Richter sind bestechlich. Leistet ein Rechtskundiger einem Armen redlich Beistand, bezeugt einer die Wahrheit, wird er mit Hass verfolgt. So kommen die Armen nicht zu ihrem Recht. Viele geraten unschuldig in Schuldsklaverei (Am 2,6b).
- Die Anklage des gottgesandten Propheten zielt freilich noch tiefer. Des Propheten Anklage ist nicht allein sozialer Natur. Vielmehr ist die Kritik der sozialen Missstände ein Teil der noch viel weiter reichenden Kritik an den religiösen Missständen. Beklagt wird die Perversion des Kults. Die Kritik an sozialen Missständen wird in ihren Ausmaßen erst voll verständlich, wenn sie sich in „Religionskritik" verdichtet.

Unsere moderne Welt braucht um ihres Überlebens willen heute dringend Propheten, welche die eingeschliffenen „sündigen Strukturen" benennen und die Machthaber „zurechtweisen". Sie decken Unrecht auf, klagen an und fordern Umkehr. Im Namen Gottes fordern sie, dass der Mensch in die Mitte aller „Strukturen" der Gesellschaft, des Wirtschaftens, der Wissenschaft gehört.

Die Lästigen geduldig ertragen – Toleranz

Die Lästigen geduldig ertragen: Ist dieses geistige Werk der Barmherzigkeit wirklich zulässig? Ermuntert es nicht die Lästigen, weiterhin zur Last zu fallen? Widerspricht es nicht der Pflicht, welche ein Moment an wahrer Nächstenliebe ist, der anderen Menschen Wachstum zu fördern, statt durch unproduktives Erdulden zu verhindern? Zudem: Warum soll man es sich selbst antun, Lästige geduldig zu ertragen? Wäre es nicht besser, solchen Leuten aus dem Weg zu gehen, also zu verhindern, dass sie einem zur Last fallen? Hieße also die Alternative nicht ausweichen oder verändern?

Von Ägypten zog Abram in den Negeb hinauf, er und seine Frau mit allem, was ihm gehörte, und mit ihm auch Lot. Abram hatte einen sehr ansehnlichen Besitz an Vieh, Silber und Gold. Er wanderte von einem Lagerplatz zum anderen weiter, vom Negeb bis nach Bet-El, bis zu dem Ort, an dem anfangs sein Zelt gestanden hatte, zwischen Bet-El und Ai, dem Ort, wo er früher den Altar erbaut hatte. Dort rief Abram den Namen des Herrn an. Auch Lot, der mit Abram gezogen war, besaß Schafe und Ziegen, Rinder und Zelte. Das Land war aber zu klein, als dass sich beide nebeneinander hätten ansiedeln können; denn ihr Besitz war zu groß und so konnten sie sich nicht miteinander niederlassen.
Zwischen den Hirten Abrams und den Hirten Lots kam es zum Streit; auch siedelten damals noch die Kanaaniter und die Perisiter im Land.
Da sagte Abram zu Lot: Zwischen mir und dir, zwischen meinen und deinen Hirten soll es keinen Streit geben; wir sind doch Brüder. Liegt nicht das ganze Land vor dir? Trenn dich also von mir! Wenn

du nach links willst, gehe ich nach rechts; wenn du nach rechts willst, gehe ich nach links.
Lot blickte auf und sah, dass die ganze Jordangegend bewässert war. Bevor der Herr Sodom und Gomorra vernichtete, war sie bis Zoar hin wie der Garten des Herrn, wie das Land Ägypten. Da wählte sich Lot die ganze Jordangegend aus. Lot brach nach Osten auf und sie trennten sich voneinander. Abram ließ sich in Kanaan nieder, während Lot sich in den Städten jener Gegend niederließ und seine Zelte bis Sodom hin aufschlug.
(Gen 13,1–11)

Die Aufforderung dieses geistigen Werks der Barmherzigkeit, die Lästigen zu ertragen, richtet sich gegen einfache Lösungen. Denn: Was ist, wenn da gar kein Lebensraum ist, in den ich ausweichen kann – vielleicht schon deshalb, weil ich für das psychische Überleben des „Lästigen" Verantwortung trage? Und was soll sein, wenn jemand sich selbst nicht verändern kann – jemand also lästig bleibt?

Aber vielleicht liegt das Missverständnis auch im Verständnis dessen, was mit dem „Lästigen" gemeint ist. Ist es vielleicht viel zu simpel, damit einfach jene zu meinen, die einen „nerven"? Liegt das Verständnis dessen, wer ein „Lästiger" ist, nicht eher in Richtung der biblischen Aufforderung: *Einer trage des anderen Last; so werdet ihr das Gesetz Christi erfüllen* (Gal 6,2)? Geht es also weniger darum, „Lästige auszuhalten", sondern um das „Ertragen von Lasten"? Von hier aus ist der Sprachweg aber nicht mehr weit zu einem modernen Schlüsselwort, nämlich zur „Toleranz".

Toleranz

Toleranz leitet sich her von *tolerare*: tragen, ertragen. Es gilt als ein friedenspolitisches Wort. Getragen, ertragen, mitgetragen wird dabei jemand, der eine Last darstellt. Die gemeinte Last ist oftmals weniger eine charakterliche Eigenheit – was auch sein kann. Eher ist es eine grundlegende Ansicht über Gott und die Welt, über den Sinn und über die Moral, über das Gute, Wahre und Schöne: Diese ist derart anders, dass sie einen „unerträglich" dünkt. Sie dann – mit dem Menschen, der sie vertritt – dennoch zu ertragen, verlangt Stärke und Geduld.

Toleranz ist so besehen alles andere als Beliebigkeit, Gleichgültigkeit, kein „anything goes". Zur Last wird Toleranz erst für den, der einen klaren eigenen Standpunkt hat. Er ist in der Lage, einen anderen Menschen gerade dann zu (er)tragen, wenn und insofern er anders ist, anders denkt, andere Ansichten hat.

Geduld

Auch jene Geduld, mit der „Lästige" zu ertragen sind, ist keine Schwachheit, sondern eine Stärke, ein Taugen, eine Tugend. Dulden und Erdulden sind dem Erleiden verwandt. Das macht Dulden zu einer Art Mit-Leiden, Com-Passion (compassion), setzt Sym-Pathie für etwas frei, was ohne Leiden nicht ertragen werden kann. Geduld wird Gott im Alten Testament zugeschrieben: *Darum hat der Herr mit ihnen Geduld und er gießt über sie sein Erbarmen aus (Sir 18,12)*. Gottes Geduld wiederum ist eng verwandt mit Langmut. *Der Herr ist gnädig und barmherzig, langmütig und reich an Gnade (Ex 34,6; Num 14,18; Neh 9,17; Ps 86,5; 103,8; 145,8; Joël 2,13; Jona 4,2)*. In einer der drei Schlüsselerzählungen zum Erbarmen Gottes fleht der später unbarmherzige Diener Gott an: *Hab Geduld mit mir! Ich werde dir alles zurückzahlen* (Mt 18,16).

Im Pluralismus

Toleranz ist eine politische Forderung geworden, nachdem in blutigen jahrzehntelangen Religionskriegen unzählige Menschen ihr Leben lassen mussten: um der reinen Wahrheit willen.[117] Toleranz ist also ein Friedensbegriff. Intellektuell wurde ihm zugearbeitet, indem man den Begriff der (religiösen) Wahrheit modifizierte. Es mag sie ja geben, aber erkennen könne sie letztlich niemand. Niemand wisse, so der weise Nathan in Lessings Toleranzparabel, wer in ihrem Besitz ist. Daher sollte auch niemand sich über einen anderen im Namen seiner Wahrheit erheben und ihn „missionarisch" unterwerfen. Jeder solle nach seiner eigenen Façon selig werden.

Solche friedenspolitische Toleranz führte zu dem, was heute als Privatisierung von Glaube, Religion, Weltanschauung gängig geworden ist. Wahrheit ist aus dem öffentlichen Disput herausgenommen und individualisiert. Es zählt hier nicht mehr die Wahrheit, sondern die Nützlichkeit, welche Menschen selbst konstruktivistisch bestimmen. Dem Andersgläubigen lässt man dabei seine privatisierte Ansicht und respektiert ihn zugleich. Kurzum: Wahrheit wurde auf dem Weg zum (Religions-)Frieden der Toleranz hintangestellt.

Inzwischen geht es weniger um den religiösen Frieden als um die individuelle Freiheit.[118] Jeder Mensch solle in modernen Gesellschaften selbst wählen können, woran er glaubt, wie er sein Leben deutet und wie er es führt und gestaltet – zumindest solange diese seine wählerische Freiheit nicht die Freiheitsinteressen anderer schmälert.[119] Wurde Toleranz also ursprünglich im Namen des (Religions-)Friedens gefordert, so heute im Namen der persönlichen Freiheit des Einzelnen.

Auf diese Weise kam es freilich zu einer eigenwilligen Gegenüberstellung: hier die tolerante Freiheit, dort die intolerante Wahrheit. Das Ringen um die Toleranz ist auf diesem Weg ein Ringen um Freiheit *oder* Wahrheit geworden. Im Umkreis solcher Auffassung von Wahrheit wird der Monotheismus angesiedelt, im Umkreis der Freiheit Atheismus oder Polytheismus – oder im Sinn einer Utopie eine universelle Weltreligion. Der Satz, dass die Wahrheit uns frei machen werde (Joh 8,32), gilt in solchen Zusammenhängen nicht mehr. Im Gegenteil: Man müsse entweder die Freiheit (des Menschen) oder die Wahrheit (Gottes) wählen. Der „tolle Mensch" (Friedrich Nietzsche) hat sich für die Freiheit und gegen Gott entschieden.[120]

Angesichts solcher kultureller Polarisierung zwischen Freiheit und Wahrheit wird leicht verstehbar, dass sich Menschen, um der Spannung zu entrinnen, auf eine Seite schlagen. Die einen wählen dann die Freiheit, zugleich wählen sie die Wahrheit ab. Die anderen hingegen halten an der Wahrheit, die sie meinen, fest und wählen die Freiheit ab. Letztere sagen vielleicht mit Luther: *Hier steh ich und kann nicht anders.* Die Ersteren hingegen: *Hier steh ich und kann jederzeit anders.* Die einen werden zu Radikalkonstruktivisten: Alles hat der Mensch schöpferisch in der Hand, alles kann er selbst stets neu konstruieren. In seinem Erfindergeist ist er an keine Vorgaben gebunden, weder biologisch noch ethisch. Alles ist erfindbar, biowissenschaftlich wie sozialpolitisch. Die anderen hingegen sind Fundamentalisten. Für sie ist letztlich alles von einer letzten Schöpfermacht vorgegeben, entspringt einer letzten „heiligen" Wahrheit, die uns geoffenbart wird und die innerweltlich mit Autorität vertreten, geschützt und verbreitet wird. Der eine, der alles für *erfindbar* hält, weiß am Ende nicht mehr, wer er und was gut oder böse ist. Der andere, der alles für *vorfindbar* hält, neigt letztlich zu Fanatismus und Gewalttätigkeit.[121]

Die Wahrheit wird euch befreien

Ein Ausweg eröffnet sich, werden beide großen Begriffe personalisiert: die Freiheit wie die Wahrheit. Freiheit wird dann verstanden als Freiheit zur Liebe. Der Sinn solcher Freiheit besteht nicht in einer ständigen Wahlmöglichkeit mit stets offengehaltener Selbstbestimmung. Vielmehr sucht sie die Hingabe, in der sich die Freiheit selbst verbraucht oder paradoxerweise erstmals wirklich findet. Es ist wie eine Variation des Jesuswortes: Wer sein Leben zu bewahren sucht, wird es verlieren; wer es dagegen verliert, wird es gewinnen (Lk 17,33).

Wahrheit wiederum ist – und hier schmiegt sich das Wort an die jüdisch-christliche Tradition von *emet* an[122] – personal verstanden Gott selbst in seiner Verlässlichkeit, in der er dem Menschen entgegenkommt. Im Umkreis eines derart verlässlichen Gottes findet der Mensch jenen Raum, in dem seine Freiheit von der Angst und damit zur Liebe befreit ist. Erst so gilt: *Dann werdet ihr die Wahrheit erkennen und die Wahrheit wird euch befreien* (Joh 8,32).

Dann ist aber auch nicht mehr notwendig, im Namen der Freiheit Wahrheit zu verwerfen. Dann hat es aber auch niemand mehr nötig, die Freiheit um der Wahrheit willen aufzugeben und angstvoll-aggressiv (in einem negativen Sinn) Fundamentalist zu sein.

Pluralismustoleranz

Aber geht es Fundamentalisten wirklich immer nur um die Wahrheit?[123] Es gibt Anhaltspunkte dafür, dass psychische Kräfte im Spiel sind.

Inmitten von Freiheitskulturen sind nicht wenige Menschen, die mit der modernen Toleranz und dahinter der heutigen Vielfalt nicht leben können. Sie verachten den modernen Pluralismus an Weltdeutungen und Lebensweisen. Anders Denkende und anders Lebende bekämpfen sie mit legalen und manchmal auch illegalen Mitteln.

Der Kampf, den sie führen, ist aber letztlich weniger gegen die anderen gerichtet, sondern dient mehr dem eigenen Überleben. Was ihnen fehlt, nennt die moderne Sozialpsychologie „Pluralitätstoleranz“[124]. Diese ist die Fähigkeit eines Menschen, Vielfalt und darin das Anderssein anderer nicht nur auszuhalten, sondern sogar als Bereicherung zu erfahren. Das setzt allerdings voraus, dass Menschen mit sich eins sind. Sie müssen wissen, wer sie sind und wofür sie stehen. Fehlt ihnen diese Sicherheit, die im Laufe einer lebenslangen Reifungsgeschichte wächst, aus dem Inneren kommt und oftmals durch eine Gemeinschaft getragen wird, dann erleben sie sich durch jene bedroht, die anders bzw. andersartig sind. Die anderen stellen sie in Frage. Sie sind eine ständige Verunsicherung der eigenen Person, ihrer Integrität und Identität. Um eben diese Dauerverunsicherung durch die Andersartigen zu beenden, soll das Ander(sartig)e und manchmal auch der Ander(sartig)e ausgemerzt werden. Dem Pluralismus wird nicht mit starker Toleranz (jetzt im Sinn des Ertragens des anderen) begegnet, sondern mit aggressiver Intoleranz.

Die Lästigen geduldig ertragen könnte daher modern auch so gelesen werden: Suche allein und in Gemeinschaft so viel gelassene Sicherheit hinsichtlich dessen, was du glaubst und wie du lebst, dass du andere tragen kannst, auch wenn du deren Auffassung nicht teilst.

Damit aber eine solche Toleranz im Sinn von Ertragensfähigkeit nicht in gleichgültige Beliebigkeit kippt, wird Toleranz mit Dialog, Gewinnen, Überzeugen, Missionieren einhergehen.[125]

Denen, die uns beleidigen, gerne verzeihen – Versöhnung als Kultur des Friedens

Beleidigen: Dieses antiquierte Wort hat Kraft, wenn man es nicht autoritär missversteht. Gemeint ist nicht die beleidigte Autorität, die Majestätsbeleidigung, auch nicht in einem falsch verstandenen Sinn die Beleidigung Gottes. Vielmehr geht es primär um das Leiden, das jemandem zugefügt worden ist. Oder, wie im Fall dieses geistigen Werkes der Barmherzigkeit, „denen, die uns beleidigen, gern verzeihen", die uns Leid zugefügt haben.

Leid wird immer Personen zugefügt, und das durch konkrete Handlungen. Es entsteht eine leidgetränkte Beziehung zwischen Täter und Opfer. Doch kann solch persönlich erlittenes Leid in einem größeren kollektiven Rahmen geschehen: innerhalb einer Gesellschaft, indem einzelnen Bürgerinnen und Bürgern Leid zugefügt wird, aber auch zwischen Nationen in internationalen Konflikten und Kriegen.

Leiden schlagen tiefe Wunden. Als solche stören sie das friedvolle Miteinander. Private wie kollektive Konflikte lassen sich daher nur dann beenden, wenn diese Wunden heilen. Dauerhafter Friede zwischen einzelnen Menschen und zwischen Völkern setzt Versöhnung voraus. Ohne Versöhnung entrinnt niemand, kein Einzelner, aber auch kein Volk, dem Teufelskreis von Schlag und Gegenschlag, von Unrecht und Rache: *Ist weiterer Schaden entstanden, dann musst du geben: Leben für Leben, Auge für Auge, Zahn für Zahn, Hand für Hand, Fuß für Fuß, Brandmal für Brandmal, Wunde für Wunde, Strieme für Strieme* (Ex 21, 23–25. *Auch: Lev 24,19f; Dtn 19,21; Mt 5,38*). Erlittenes Unrecht wird so zwar gerächt: Aber Friede stellt sich nicht ein.

Als Werk der geistigen Barmherzigkeit wird *Verzeihung* durch den Be-Leid-igten empfohlen. In das Wortfeld der Verzeihung fallen auch die spirituellen Begriffe Vergebung und Versöhnung.

Offenbar braucht der Täter Barmherzigkeit, was wiederum voraussetzt, dass er sich durch das Zufügen von Leid selbst in seiner Würde verletzt und für sein Leben letztlich geschadet hat. Aber auch das Opfer gewinnt für sich selbst, wenn es die Kraft zur Verzeihung aufbringt.

Sowohl die Religionen wie auch die moderne Psychotherapie haben reiche Erfahrungen zu diesem Vorgang gesammelt, der vom erlittenen Leid ausgeht und in Versöhnung gipfelt. Drei große Etappen sind zu gehen: erinnern, vergeben und versöhnen.

Erinnern

Das Vergessenwollen verlängert das Exil,
und das Geheimnis der Erlösung heißt Erinnern.
Jüdische Weisheit

Viel Leid sammelt sich – neben den Kriegen – in totalitären Regimen. Der Totalitarismus duldet neben sich keine anders Denkenden und damit keine Freiheit. Wer anders ist oder anders denkt, wird bedroht oder vernichtet. So wurden im Dritten Reich Juden, Roma und Homosexuelle ausgerottet. Im Kommunismus wiederum waren es die bekennenden Christinnen und Christen, darunter Ordensleute, Priester und Bischöfe, die zu Märtyrerinnen und Glaubenszeugen wurden, in Gefängnissen saßen, sozial und bildungsmäßig benachteiligt wurden. Die kommunistische Politik versuchte, nicht nur führende Persönlichkeiten aus den Religionen zu vernichten. Sie trug auch Spaltung in die Kirchen. Für regimetreue Kleriker wurde die Organisation der Friedenspriester gegründet. Wer sich ihr anschloss, wurde belohnt, während jene, die sich beizutreten weigerten, mit spürbaren Nachteilen und Leiden rechnen mussten. Ähnliche Spaltungen entstanden auch in der Bevölkerung. Totalitäre Systeme sind auf ein dichtes Netz von Informant/innen angewiesen. Es gab immer viele, die einfach mitmachten.

Nach dem Sturz der totalitären Systeme kommen solche Vorgänge ans Licht. In Ostdeutschland mussten nicht wenige durch Einblick in die Stasi-Akten mit Erschrecken entdecken, dass sie von eigenen Familienangehörigen observiert wurden. Ähnlich erging es Kirchenmännern, die unter ihren Mitbrüdern auf Informanten stießen. Hinzu kommt, dass nach dem

Ende eines totalitären Regimes sich die Menschen, um auch unter den neuen Verhältnissen überleben zu können, aus ihrer Verantwortung wegstehlen. Verschwiegen, geleugnet oder immer mehr verdrängt wird, dass man mit dem totalitären Regime sympathisiert, ja in ihm mitgewirkt hat: in der Verwaltung, in der Partei, im Krieg. Die Wahrheit wird so zu einem Opfer des Krieges. „Das Schweigen ist der Verbündete der Unterdrückung, das Aufschreien dagegen nennt den Gewalttäter beim Namen."[126] Die Verdrängung von Schuld behindert aber Versöhnung und damit die Wiederherstellung des friedlichen Miteinanders. Die Wunden der Opfer vernarben vielleicht mit der Zeit, doch heilt die Zeit keineswegs die Wunden.

Versöhnung kann nur in Gang kommen, wenn Erinnerung geschieht. Solches Erinnern ist nicht ein rückblickendes Umdeuten und Beschönigen – was ja einer Leugnung von Schuld und Verantwortung gleichkommt. Vielmehr geht es um Wahrheit und Wahrhaftigkeit. In manchen Ländern wurden dazu in den letzten Jahrzehnten „Wahrheitskommissionen" eingesetzt: in Südafrika, in Lateinamerika, in Nordirland. Sie wollen Menschen gewinnen, ihre Schuld anzusehen und einzusehen. Zugleich bilden sie auch den Raum für die Opfer, die eigenen Wunden nicht nur zu fühlen, sondern auch herzuzeigen, den Verlust genau zu identifizieren und Trauerarbeit in Gang zu bringen. Dabei kann es gerade für die Opfer auch hilfreich sein, einerseits sich faktisch nicht zu rächen, zugleich aber den Zorn über das angetane Unrecht zu fühlen und den Wunsch nach Rache wahrzunehmen. Zum Aufdecken der Wahrheit gehört es auch, dass Opfer die Täter und die Täter die Opfer einfühlend verstehen. Beim Friedensschluss zwischen Israel und Palästina unter den beiden Friedensnobelpreisträgern Rabin und

Arafat wurde vereinbart, dass beide Völker künftig jeweils der Leiden der anderen gedenken. Nur so kann der Leid bringende Teufelskreis von Gewalt und Gegengewalt durchbrochen werden.

Vergeben

Auf dem Grund des Erinnerns wird wahrhaftiges Vergeben möglich: Die „Reinigung des Gedächtnisses" (Johannes Paul II.) findet einen Abschluss in ihr. Vergebung ist eine freie Entscheidung des Opfers. Es wählt nicht die Rache, sondern antwortet auf das zugefügte Leid gewaltlos in Liebe: „In Wirklichkeit ist die Vergebung eine persönliche Entscheidung, eine Option des Herzens, die sich gegen den spontanen Instinkt richtet, das Böse mit dem Bösen zu beantworten."[127]

Um Vergebung kann der Täter bitten. Er erleichtert dem Opfer die Vergebung, wenn er seine Schuld ehrlich zugibt. Leugnet ein Täter hingegen seine Schuld oder beschönigt sie, schiebt er sie gar dem Opfer in die Schuhe (was oftmals bei Vergewaltigung von Frauen geschieht), entwürdigt das nicht nur das Opfer, sondern entehrt letztlich den Täter.

Vergeben kann das Opfer aus freien Stücken, ungebeten also. Die Heilige Schrift berichtet von solcher zuvorkommender Vergebung beim Tod des Diakons Stephanus (*Herr, rechne ihnen diese Sünde nicht an!, Apg 7,60*) sowie beim Tod Jesu: *Jesus aber betete: Vater, vergib ihnen, denn sie wissen nicht, was sie tun* (Lk 23,34). Solche Vergebung ist dann nicht Schwäche, sondern setzt eine große geistige Kraft und hohen moralischen Mut voraus.

Vergebung ist kein Widerspruch zur Gerechtigkeit. Vielmehr gibt Vergebung den Weg frei, um angetanes Unrecht – so weit es geht – gutzumachen. Die Wiedergutmachung von Unrecht trägt zur Heilung der Beziehung zwar bei, kommt dieser aber nicht gleich. Man kann einander auch vergeben, um dann getrennte Wege zu gehen. Wenn aber Vergebung in ihrer wahrsten und höchsten Form zu einem „Akt der ungeschuldeten Liebe“[128] wird, verdichtet sich Vergebung in Versöhnung. Eine Heilung zur Liebe geschieht. Geschieht beides, wird also sowohl Unrecht gutgemacht als auch die Beziehung geheilt, ereignet sich Versöhnung.

Versöhnung

Dazu hilft, dass ein Opfer, das einem Täter vergibt, diesen von seiner Tat „trennt“. Der Freispruch der Vergebung macht eine neue Beziehung zum Täter möglich. Zudem kann das Opfer zu sich selbst in ein neues Verhältnis eintreten. Es wird frei von der Last der Gedanken an Rache, entrümpelt das „Museum von Verletzungen“, das es in seinem Inneren eingerichtet hat, wird frei zu einer befriedeten Beziehung in Wahrheit und Liebe. Umfassende Vergebung eröffnet damit ein neues schöpferisches Miteinander zwischen jenen, die durch Unrecht und Rachegedanken tief getrennt waren.

Dienst an der Versöhnung

Wer auf politischer Ebene das geistige Werk der Barmherzigkeit, *denen, die uns beleidigen, gern verzeihen,* mit dem Ziel der Versöhnung vollbringen will, braucht dazu ein wohlüberlegtes Vorgehen. Die Zweite Europäische Ökumenische Versammlung der christlichen Kirchen 1997 in Graz, die sich dem Thema „Versöhnung – Gabe Gottes und Quelle neuen Lebens“ widmete, hat dazu unter der Überschrift „Engagement für die Versöhnung in und zwischen den Völkern und Nationen und Stärkung gewaltfreier Formen der Konfliktbewältigung" vier Handlungsempfehlungen formuliert:

„Wir empfehlen den Kirchen, sich an der Debatte über europapolitische Entwicklungsprozesse intensiv zu beteiligen, sich dazu Instrumente für ein gemeinsames Handeln zu schaffen und die vorhandenen Institutionen zu stärken.[129]

Wir möchten die Kirchen bitten, eine aktive und nachhaltige Rolle bei der friedlichen Transformation von Konflikten (z. B. Nordirland, Zypern) und in Friedens- und Versöhnungsprozessen nach kriegerischen Auseinandersetzungen (wie in Bosnien, Kroatien, Serbien, Tschetschenien u. a.) zu übernehmen.[130]

Wir empfehlen KEK und CCEE[131] mit ihren Mitgliedskirchen, den Austausch von Erfahrungen von Initiativen, Institutionen, Laien- und Bildungszentren und Gemeinden in Friedens- und Versöhnungsprozessen zu fördern.[132]

Wir empfehlen KEK und CCEE, ein ständiges Komitee für Konfliktanalyse und -bearbeitung einzurichten. Es soll Versöhnungsprozesse anregen und die Möglichkeiten untersuchen, die Ausbildung von Fachkräften zur zivilen Konfliktbearbeitung auf europäischer Ebene zu institutionalisieren."[133]

Kirche des Erbarmens

Richtet nicht, dann werdet auch ihr nicht gerichtet werden. Verurteilt nicht, dann werdet auch ihr nicht verurteilt werden. Erlasst einander die Schuld, dann wird auch euch die Schuld erlassen werden.

Lk 6,37

Die Kirche ist, so ein starkes Bild der ostkirchlichen Tradition, Ikone Gottes.[134] Ihre Hauptaufgabe ist „aufscheinen lassen", „sichtbar machen", „gegenwärtig halten", und zwar Gott und seinen Christus. So besehen ist Epiphanie nicht nur ein Christusfest, sondern auch ein Kirchenfest. Der unsichtbare Gott kommt zum „Vor-Schein".

Für das Anliegen einer Pastoral des Erbarmens kann das nur bedeuten: Kirche macht Gottes Erbarmen sichtbar und buchstäblich handgreiflich. Dieses ist schon in Christus aufgeleuchtet. „Jesus ist das Erbarmen Gottes. In ihm, dem menschgewordenen Gottessohn, wird die geheimnisvolle Eigenschaft Gottes, die wir ‚seine Barmherzigkeit' nennen, auf menschlich-vollkommene Weise sichtbar (Röm 15,9: ‚Die Barmherzigkeit Gottes ist erschienen'). Christus ist das Urbild von Barmherzigkeit, er, der unsere ‚miseria' auf sich nahm."[135]

Und nun scheint sie wider auf dem Antlitz der Kirche. Das macht, wie das Zweite Vatikanische Konzil in Anlehnung an die scholastische Sakramententheologie formuliert hat, die Kirche zu einer Art Sakrament, also zu einem Zeichen und Werkzeug dessen, worum es Gott geht: Einheit der Menschen mit ihm und der Menschen untereinander (Lumen gentium, 1).

Die christliche Tradition hat diesen Zusammenhang zwischen dem Erbarmen Gottes, das in Christus erschienen ist, und der Kirche in einem starken Bild gedeutet. Die Kirche, so lehrt sie, ist (wie Eva aus der Seite des Adam) aus der Seite Christi, aus seinem durchbohrten Herzen, entwachsen: „Die Kirche ist die Frucht des Herzens Jesu, die Frucht der Liebe des Erlösers. Sie ist die Frucht seiner Barmherzigkeit, weil diejenige Liebe, die aus Not und Elend rettet, Barmherzigkeit heißt. Wenn aber die Kirche die Frucht des Herzens Jesu ist, dann ist all ihr Tun die Verlängerung seines Wirkens. Die Kirche ist die Weiterführung der göttlich-menschlichen Barmherzigkeit Jesu, weil sie ganz aus dieser Barmherzigkeit heraus existiert. Damit ist auch gesagt, dass die Barmherzigkeit des Christen die Frucht der Barmherzigkeit Christi ist: ‚Ihr seid von Gott geliebt, seid seine auserwählten Heiligen; darum bekleidet euch mit aufrichtigem Erbarmen!‘ (Kol 3,12).“[136]

„Das Heil des Himmelreichs verlangt Entscheidung! Christliche Existenz ist Leben aus der Barmherzigkeit, die die Güte ermöglicht. Die göttliche Barmherzigkeit braucht ihren erfahrbaren Ort. Das ist für Matthäus die Gemeinde. Insofern ist die Geschichte des Gleichnisses zugleich die Geschichte missglückter Kirche.“[137]

Wenn Gott ein Gott des Erbarmens ist, ist das auch die Grundqualität seiner Kirche. Sie ist nur dann Gottes Volk, wenn sie auch eine Kirche des Erbarmens ist. Ist hingegen die Kirche erbarmungslos, ist sie letztlich auch Gott los, also gottlos: eine Variation jenes ekklesialen Atheismus, den Josef Fischer für die Kirche hierzulande als epidemisch, als landläufig diagnostizierte.[138]

Wie wichtig es der Kirche ist, vom Erbarmen nicht nur zu reden, sondern auch darum zu beten, damit es gelebt werden kann, zeigt die Feier der Eucharistie:

- Da ist die Vaterunser-Bitte „Vergib uns unsere Schuld, wie auch wir vergeben unsern Schuldigern“ (vgl. Mt 9,12);
- Und der Friedensgruß, bei dem es um die Versöhnung geht. Jesus ist das so wichtig, dass er seine Jünger auffordert, die Opfergabe liegen zu lassen und sich zuvor mit jenem Bruder zu versöhnen, der etwas gegen einen hat (Mt 5,23). Liturgen[139] veranlasst diese Mahnung Jesu dazu, den Friedensgruß vor der Gabenbereitung anzusetzen, damit die Vergebung der Feier vorausgeht.

Herr, wer darf Gast sein in deinem Zelt,
wer darf weilen auf deinem heiligen Berg?
Der makellos lebt und das Rechte tut;
der von Herzen die Wahrheit sagt
und mit seiner Zunge nicht verleumdet;
der seinem Freund nichts Böses antut
und seinen Nächsten nicht schmäht;
der den Verworfenen verachtet,
doch alle, die den Herrn fürchten, in Ehren hält;
der sein Versprechen nicht ändert,
das er seinem Nächsten geschworen hat;
der sein Geld nicht auf Wucher ausleiht
und nicht zum Nachteil des Schuldlosen
Bestechung annimmt.
Wer sich danach richtet,
der wird niemals wanken. (Psalm 15)

Für eine Welt mit viel Erbarmen und gleichzeitigem Hang zur Erbarmungslosigkeit wäre eine Kirche des Erbarmens eine starke Hoffnungskraft. Sie könnte die Menschen auf der Seite des Erbarmens halten und Erbarmungslosigkeiten mindern helfen. Dies wäre eine konkrete Verwirklichung des Anliegens des Zweiten Vatikanischen Konzils und seines Schlüsseldekrets, der Pastoralkonstitution „Kirche in der Welt von heute", und seinen Einleitungsworten: „Freude und Hoffnung, Trauer und Angst der Menschen von heute, besonders der Armen und Bedrängten aller Art, sind auch Freude und Hoffnung, Trauer und Angst der Jünger Christi. Und es gibt nichts wahrhaft Menschliches, das nicht in ihren Herzen seinen Widerhall fände." (Gaudium et spes 1)

Im Folgenden geht es darum, an wenigen Beispielen zu zeigen, wie diese Grundeigenschaft der Kirche, eine Kirche des Erbarmens zu sein, sich in der alltäglichen Kirchenpraxis konkretisieren kann. Das ist nach der ekklesiologischen Frage die praktisch-theologische Frage.

Wege zum Erbarmen

Es gibt gute Beispiele dafür, wie sehr sich die Kirche vom Erbarmen Gottes leiten lässt, das sie selbst erhält und das sie, von Gottes Überfluss beschenkt, mit offenen Händen weitergibt.

Wie kann die Kirche in ihrem alltäglichen Leben und Wirken das sein, was sie in ihrem innersten Wesen ist und was oftmals in Denkmustern und Handlungen nicht leuchtend zum „Vorschein" kommt?

Erbarmen lässt sich nicht machen. Das von Jesus gepredigte Bild trifft zu: *Ein guter Baum kann keine schlechten Früchte hervorbringen und ein schlechter Baum keine guten* (Mt 7,18). Die Schultheologie hat ein entsprechendes Axiom formuliert: *agere sequitur esse*, das Handeln folgt dem Sein.

Erbarmen lässt sich daher, wie vieles andere in der Welt, von Ethik und Moral nicht befehlen. Vor allem dann nicht, wenn die Fähigkeit dazu verschüttet oder beschädigt ist. Paulus hat das klar erkannt. Im Brief an die Römer spricht er davon, dass ein Mensch – im Zustand vor der Rechtfertigung durch Gott – in einem argen Zwiespalt lebt:

Denn ich begreife mein Handeln nicht: Ich tue nicht das, was ich will, sondern das, was ich hasse. Wenn ich aber das tue, was ich nicht will, erkenne ich an, dass das Gesetz gut ist. Dann aber bin nicht mehr ich es, der so handelt, sondern die in mir wohnende Sünde. Ich weiß, dass in mir, das heißt in meinem Fleisch, nichts Gutes wohnt; das Wollen ist bei mir vorhanden, aber ich vermag das Gute nicht zu verwirklichen. Denn ich tue nicht das Gute, das ich will, sondern das Böse, das ich nicht will. Wenn ich aber das tue, was ich nicht will, dann bin nicht mehr ich es, der so handelt, sondern die in mir wohnende Sünde. Ich stoße also auf das Gesetz, dass in mir das Böse vorhanden ist, obwohl ich das Gute tun will. ... Denn in meinem Innern freue ich mich am Gesetz Gottes, ich sehe aber ein anderes Gesetz in meinen Gliedern, das mit dem Gesetz meiner Vernunft im Streit liegt und mich gefangen hält im Gesetz der Sünde, von dem meine Glieder beherrscht werden. Ich unglücklicher Mensch! Wer wird mich aus diesem dem Tod verfallenen Leib erretten? Dank sei Gott durch Jesus Christus, unseren Herrn! Es ergibt sich also, dass ich mit meiner Vernunft dem Gesetz Gottes diene, mit dem Fleisch aber dem Gesetz der Sünde. (Röm 7,15–25)

Der Weg zum Erbarmen führt also nicht über den Weg wohlgemeinter Appelle. Im Gegenteil: Nach Paulus erreicht der Appell lediglich die Einsicht, dass uns Erbarmen nicht gelingt – solange uns nicht Gnade widerfahren ist. Gnade: Das ist der uns zuvorkommende Gott. Er ist unser Arzt. Er vermag uns an der Wurzel der Seele von dem zu heilen, was uns hindert, von seiner Art zu sein. Der Weg zum Erbarmen führt daher zunächst in die Tiefe Gottes. Er ist der Weg der Mystik. Ihr Ziel ist Einswerden mit Gott selbst. Und wem das geschenkt ist, der kann dann gar nicht mehr anders, denn in Gottes Art zu fühlen, zu denken, zu urteilen, zu handeln. Er kann, wie Henri Nouwen in berührender Weise in seiner Rembrandt-Meditation vermerkt, endlich das werden, worum es Jesus geht: wie der Vater.[140]

Mystik des Erbarmens

Der Weg der Mystik ist in der Aufklärung[141] den christlichen Kirchen zumindest in Westeuropa eher fremd geworden. Karl Rahner hat schon in den Siebzigerjahren des letzten Jahrhunderts darauf hingewiesen:

„Wir sind doch, wenn wir ehrlich sind, in einem schrecklichen Maße eine spirituell unlebendige Kirche. Die lebendige Spiritualität, die es natürlich auch heute noch gibt, hat sich doch in einer seltsamen Weise aus der Öffentlichkeit der Kirche in (soziologisch gesehen) kleine Konventikel der ‚noch Frommen' zurückgezogen und versteckt. In der Öffentlichkeit der Kirche herrschen in einem erschreckenden Maße auch heute noch (bei allem guten Willen, der nicht bestritten werden soll) Ritualismus, Legalismus, Administration und ein sich allmählich selber langweilig werdendes und resignierendes Weiterfahren auf den üblichen Geleisen einer spirituellen Mittelmäßigkeit."[142]

Der frei gewordene Platz einer lebendigen Spiritualität wurde im kirchlichen Leben ersetzt durch Reden und Zureden. Diese fallen dann oftmals moralisierend aus. Dabei spielt es kaum eine Rolle, ob im Mittelpunkt, wie bei den Konservativen, die Sexualmoral oder, wie bei den Progressiven, die Sozialmoral steht. Das hat dazu geführt, dass die Menschen sofort an die Kirche denken, wenn das Wort Moral fällt. Dass die Kirche in der Nachfolge des Heilands vor allem ein Heil-Land ist, trat in den erlebnisfernen Hintergrund.

Es gibt heute starke Bemühungen, die spirituelle Kraft der Kirchen wieder zurückzugewinnen. Respiritualisierung ist nicht nur in säkularen Kulturen ein Megatrend[143], sondern hat auch die Erneuerungsversuche der Kirche erfasst, wenn diese nicht in der Sorge um Geld und Strukturumbau ersticken.[144] Gefragt ist eine Art „Mystik für Anfänger"[145]. Ihr Anliegen ist nicht Reden über Gott – oder säkularisierter von Moral und Ethik. Schon eher ist es schweigendes Sein vor Gott (Anbetung) oder auch Reden mit Gott (Gebet), wobei in der mystischen Tradition auch das erfüllte Schweigen[146] beredt, vielsagend sein kann. Es ist – was immer solche dunklen Wort der Mystik bedeuten – *unio*, Einswerden, Verwachsen und das nicht durch Zurede oder Belehrung, sondern als Erleben.

Wer so besehen – man lege die verwendeten Worte nicht auf die philosophische oder theologische Goldwaage – „in Gott eintaucht", wer von Gott voll, also „gottvoll" wird, „randvoll mit Gott ist", der wird *von Gottes Art (Apg 17,29)*. Noch genauer: Bei dem kommt auf, was er im Grund seines Lebens immer schon ist, weil darin Gottes Absicht mit seiner Schöpfung und darin mit jedem Menschen gipfelt.

Die Grundsymphonie einer Mystik des Erbarmens kennt also viele Sätze und Variationen. Ihr Ziel ist immer, dass Gottes Wesen das Wesen des Menschen zuinnerst durchfließt und damit formt. Das macht es dem Menschen möglich, Gottes Erbarmen in der Welt „gleichsam" zu sein, es sichtbar zu machen in seinem Denken und Tun.

Analog gilt das von der Gemeinschaft der Kirche. Ein Kurzname in der biblischen Tradition heißt „Immanuel", Gott ist mit uns, verdichtet in Jesus von Nazaret und bleibend durch seinen Heiligen Geist. Je mehr Gott im Mittelpunkt des Seins der Kirche steht, wird sie eine Kirche des Erbarmens Gottes mit den Menschen sein und wird, was sie mit den Menschen zusammen tut, zu einer Pastoral des Erbarmens ausreifen.

Immanuel

Praktisch heißt das für das alltägliche Leben der Kirche, dass *Gott in seine Mitte* gehört.

- Das geschieht, wenn wir uns den anderen Menschen, unter ihnen den *Armen*, in Liebe zuneigen. Das geschieht ebenso, wenn wir stumm anbeten. Für die Gründerin der Missionarinnen der Nächstenliebe, Mutter Teresa, gab es zwischen diesen beiden Formen des Vor-Gott-Seins keinen Unterschied. Die spirituelle Praxis der letzten Jahrzehnte war aber in dieser Hinsicht manchmal einseitig. Die Zuwendung der Kirche zu den Armen hat vielleicht die Bedeutung der ausdrücklichen Zusendung zu Gott in den Hintergrund treten lassen.

- So ist heute wieder eine Zeit der Anbetung, des *Gebets*. Schulen des Betens, der Kontemplation, der Meditation könnten die Kirchen spirituell stärker machen.
- Dazu kommt *Mystagogie* als „Einführen des Menschen in jenes Geheimnis, welches das Leben des Menschen im Grund immer schon ist“: Die Geschichte eines „unbeirrbar treuen Gottes“ mit jedem Menschen.
- *Gottesdienste* gewinnen an spiritueller Tiefe. Sie sind nicht wortüberladene Versammlungen zur katechetischen oder moralischen Belehrung.[147] Vielmehr soll in den Leib Christi hineinverwandelt werden, was von diesem entfremdet ist. Was dabei durch die wandelnde Kraft des herabgerufenen Heiligen Geistes wächst, ist „Leib Christi“, also eine Gemeinschaft, die das Erbarmen Gottes zur Welt in Christi Art lebt. Mit den gewandelten Menschen wird aber ein Stück Welt in ihre bleibende Gestalt hineinverwandelt.

Weg zum Erbarmen

Der Weg zu gelebtem Erbarmen ist ein spiritueller Weg. Menschlich wird sich jener Mensch leichter tun, der selbst schon Elend erlebt hat und dem geschenkt wurde, dass er im Leid bestehen konnte, was seine Hoffnung nährt. Dann aber braucht es die Demut, Erbarmen zu empfangen. Wer empfangen hat, kann auch weitergeben. Und weil Barmherzigkeit nicht nur ein Gefühl ist, sondern zum Handeln drängt, ist auch der Wille erforderlich, empathisch beim anderen zu sein. Dann wird möglich, was Thomas von Aquin vom Mitleiden sagt, dass einem „im Herzen elend ist wegen des Elends eines anderen“[148].

Die spirituelle Tradition der Christen, vor allem in der Mystik mittelalterlicher Frauen und Männer, drängte danach, dass das eigene Herz nach dem Herzen Jesu gebildet werde. Von seinem Erbarmen randvoll, könne ein Mensch gar nicht mehr anders, als ein Mensch des Erbarmens zu sein. „Um die eigene Barmherzigkeit zu nähren, muss man die Barmherzigkeit Christi annehmen. Darum gehören Kontemplation und Nächstenliebe zusammen, ja darum hat die Kontemplation sogar Priorität. Die eigene Barmherzigkeit und das natürliche Mitleid wären schnell erschöpft, wenn man nicht zur Quelle zurückkehrt. Der Baum der Barmherzigkeit muss am Wasserbach des Glaubens gepflanzt sein, damit seine Wurzeln auch in einem trockenen Jahr nicht verdorren.“[149]

Gebete des Erbarmens

Erbarmen ist eine, vielleicht die tiefste Grundmelodie Gottes: In allen Religionen wird sein Erbarmen zur Welt, zur Schöpfung, zu allem, was lebt – zu den Menschen, zu einem erwählten Volk –, besungen. Das Herz aller Religion ist das Gebet. In ihnen erklingt das Lob über Gottes erbarmende Güte, sein gütiges Erbarmen. Als Abrundung dieses Nachsinnens über die Mystik des Erbarmens setze ich daher einschlägige Gebete aus den großen Religionen der Welt.

Religion der Hindus

Der Erhabene sprach:
Ich bin der Vater dieser Welt und auch die Mutter. Ich bin ihr Ordner und ihr Schöpfer. Ich bin der Gegenstand des Wissens, die heilige Silbe OM.
Ich bin der Weg und das Ziel, der Erhalter, der Meister und der Zeuge, Haus und Land, Zuflucht und gütiger Freund.
Ich spende Wärme. Ich halte den Regen zurück und schicke ihn wieder. Ich bin die Unsterblichkeit und auch der Tod, seiend und nicht-seiend, o Arjuna.
Wer mir mit Hingabe ein Blatt darbringt, eine Blume, eine Frucht oder einen Becher des Wassers – willkommen ist mir das mit Liebe dargebrachte Opfer der strebenden Seele.
Was du auch immer tust, woran du auch immer deine Freude hast, was du auch immer opferst, was du auch immer spendest, welche Konzentration spiritueller Kräfte, welches Wollen und Bemühen der Seele du auch aufbringst – mach es zu einer Darbietung an mich.
Auf diese Weise sollst du frei werden von guten und bösen Ergebnissen, die die Fesseln unseres Handelns begründen. Selbst ein Mensch mit schlechter Lebensführung, der sich mit einziger und ganzer Liebe mir zuwendet, muss nun als Heiliger gelten. Rasch wird er zu einer Seele der Rechtschaffenheit und erlangt den ewigen Frieden. (Bhagavadgita)

Lehre des Buddha

Buddha Gautama Sakyamuni spricht:
Wie eine Wolke, die sich über die Erde erhoben hat und alles bedeckend die Erde einhüllt,
wie diese große Wolke, mit Wasser gefüllt und von Blitzen umkrän-

zet, ihren Donner erschallen lässt und alle Wesen erfreut,
wie sie dann eine gewaltige Wassermenge loslässt und sich ringsum ergießend diese Erde erfrischt,
– ebenso erscheint auch der Buddha in der Welt wie eine Wolke und nachdem er, der Herr der Welt, erschienen ist, offenbart er den Lebewesen den rechten Wandel.
Alle Wesen werde ich erfrischen, deren Glieder verdorren und die sich an das Dasein klammern. Die durch das Leid dahinwelken, die will ich ins Glück führen. Ihnen werde ich die Wünsche erfüllen und Ruhe geben.
Bei mir gibt es keine Bevorzugung. Ich trage den Dharma in gleicher Weise den Menschen vor, wie dem einen Wesen, so dem anderen.
Ich erfrische die ganze Welt wie eine Wolke, die gleichmäßig Wasser ausgießt. Dieselbe Erleuchtung ist für Edelgeborene und Niedrige, für Schlechte wie auch für Tugendhafte. (Aus dem Saddharmapundarikasutra [Mahayana])

Religion Zarathustras

O Mazda, mit Deinem Willen schenke uns alle Güter des Lebens, die in Deiner Hand liegen, von dem, was da gewesen ist, was da ist und was da sein wird. Mit Hilfe der Reinheit, der Herrlichkeit und der Wahrheit lasse unser Leben gut und fröhlich sein.
O Allmächtiger, o Ahura, o ihr Engel der Unsterblichkeit, der Wahrheit, der Reinheit und der Herrlichkeit, ihr, in deren Händen die Güter des Paradieses liegen, erhöret mich und erbarmet euch meiner an dem Tag, an dem ein jeder seine Abrechnung erhalten wird.
O Ahura, offenbare Dich mir und gib mir Kraft durch die Liebe.
O Mazda, stärke mich durch die Hilfe Deines Geistes.
Um mir zu helfen, wirst Du, o Ahura, o Weitausschauender, die un-

vergleichliche Güte Deines Reiches allen denjenigen als Lohn ihrer Taten versprechen, die rechten Glauben haben. O Engel der Treue, belehre meine Seele über die Wahrheit.
Aus Dankbarkeit bringe ich zu Deinem Thron, o Mazda, o Wahrheit, meine Seele und die besten meiner guten Gedanken, Worte und Taten dar, mit alledem, was sie an Ehrfurcht und Erhabenheit besitzen. (Gathas des Avesta, Yasna 33)

Judentum

An jenem Tag wirst du sagen: Ich danke dir, Herr. Du hast mir gezürnt, doch dein Zorn hat sich gewendet und du hast mich getröstet.
Ja, Gott ist meine Rettung; ihm will ich vertrauen und niemals verzagen. Denn meine Stärke und mein Lied ist der Herr. Er ist für mich zum Retter geworden.
Ihr werdet Wasser schöpfen voll Freude aus den Quellen des Heils.
An jenem Tag werdet ihr sagen: Dankt dem Herrn! Ruft seinen Namen an! Macht seine Taten unter den Völkern bekannt, verkündet: Sein Name ist groß und erhaben!
Preist den Herrn; denn herrliche Taten hat er vollbracht; auf der ganzen Erde soll man es wissen.
Jauchzt und jubelt, ihr Bewohner von Zion; denn groß ist in eurer Mitte der Heilige Israels. (Jes 12,1–6)

Gelobt seist Du,
Herr, unser Gott, Weltenherrscher,
Gott, unser Vater, unser König,
unser Erhabener,
unser Schöpfer, Erlöser und Bildner,
unser Heiliger,

der Heilige Jakobs,
unser Hirt,
der Hirt Israels,
der gute König,
der allen gut und gütig ist.
Täglich hat Er Güte erwiesen,
erweist Er Güte
und wird Güte erweisen.
Er hat uns Wohltaten erwiesen,
Er erweist uns Wohltaten,
und wird uns Wohltaten erweisen
in Ewigkeit –
in Gunst und Gnade,
in Barmherzigkeit und zur Befreiung
und Errettung und Gelingen,
Segen und Heil,
Trost und Ernährung,
Erhaltung und Erbarmen
und Leben und Frieden und allem Gut.
Und von allem Gut
wird Er uns nichts mangeln lassen.[150]

Christentum

Gepriesen sei der Gott und Vater Jesu Christi, unseres Herrn, der Vater des Erbarmens und der Gott allen Trostes.
Er tröstet uns in all unserer Not, damit auch wir die Kraft haben, alle zu trösten, die in Not sind, durch den Trost, mit dem auch wir von Gott getröstet werden.
Wie uns nämlich die Leiden Christi überreich zuteil geworden sind, so wird uns durch Christus auch überreicher Trost zuteil.

Sind wir aber in Not, so ist es zu eurem Trost und Heil, und werden wir getröstet, so geschieht auch das zu eurem Trost; er wird wirksam, wenn ihr geduldig die gleichen Leiden ertragt, die auch wir ertragen.
Unsere Hoffnung für euch ist unerschütterlich; wir sind sicher, dass ihr mit uns nicht nur an den Leiden teilhabt, sondern auch am Trost. (2 Kor 1,3–7)

Islam

Im Namen Allahs, des Gnädigen, des Barmherzigen.
Aller Preis gehört Allah, dem Herrn der Welten,
Dem Gnädigen, dem Barmherzigen,
Dem Meister des Gerichtstages.
Dir allein dienen wir, und zu Dir allein flehen wir um Hilfe.
Führe uns auf den geraden Weg,
Den Weg derer, denen Du Gnade erwiesen hast, die nicht (Dein) Missfallen erregt haben und die nicht irregegangen sind. (Qur'an Sure 1: Die Öffnung [Al-Fâtihah])

Bismillah ir-Rahman ir-Rahim
Im Namen Allahs, des Gnädigen, des Barmherzigen.
Er ist der Gnadenreiche.
Der den Qur'an gelehrt hat.
Er hat den Menschen erschaffen.
Er hat ihm klare Rede gegeben.
Und er hat die Erde für die Schöpfung gemacht.
In ihr sind Früchte und Palmen mit Knospenbüscheln
und Korn in Hülsen und duftende Blumen.
Er hat den Menschen aus trockenem Ton erschaffen, der klingt.
Der Herr des Ostens und der Herr des Westens.

Alles, was auf Erden ist, wird vergehen. Aber es bleibt das Angesicht deines Herrn – der Herr der Majestät und der Ehre.
Ihn bitten alle, die in den Himmeln und auf Erden sind. Jeden Augenblick offenbart Er sich in neuem Glanz.
O Versammlung von (Dschinn und) Menschen.
Wenn ihr imstande seid, über die Grenzen der Himmel und der Erde hinauszugehen, dann geht.
Doch ihr werdet nicht imstande sein zu gehen, außer mit Ermächtigung. (Qur'an Sure 55: Der Gnadenvolle [Ar-Rahmán])

Praxis des Erbarmens

Dass das Thema Erbarmen hinsichtlich der Praxis der Kirche nicht belanglos ist, zeigen Erfahrungen mancher Menschen mit der Kirche, ihren Mitgliedern und ihrem Personal. Diese gelten nicht wenigen als „erbarmungslos", „hartherzig". Im Schuldbekenntnis, das Johannes Paul II. im Namen der katholischen Kirche an der Schwelle zum neuen Jahrtausend abgegeben hat, wird das Erschrecken der Kirche über viele solcher Erbarmungslosigkeiten deutlich. Häufig haben sich diese Erbarmungslosigkeiten im Schnittfeld von Macht und Sexualität abgespielt. Dass sich die Kirche dafür ausdrücklich entschuldigt hat, bedeutet aber nicht, dass es nicht auch heute und künftig Erbarmungslosigkeiten geben kann und wird. Nicht wenige moderne Zeitgenossinnen und Zeitgenossen erblicken etwa im „Umgang der katholischen Kirche mit Geschiedenen, die dann gegen den erklärten Willen der Kirche wieder heiraten" eine solche Unbarmherzigkeit. Es ist Aufgabe der Pastoraltheologie mitzuhelfen, dass Erbarmungslosigkeiten in der Kirche abnehmen und göttliches Erbarmen zunimmt. Im Bild des Gleichnisses Jesu: Die Kirche sollte immer mehr von der Art des Vaters werden – voll von Erbarmen.

In vielen Teilthemen schimmert der Verdacht durch, dass es in der Kirche einen oft unbemerkten Hang zur Erbarmungslosigkeit gibt:

- So ist es für viele Amtsträger und auch Ehrenamtliche in den Gemeinden eine schwierige Frage, wie in unserer nachchristlichen Kultur Menschen zu den erbeteten Sakramenten (Taufe eines Kindes, Erstkommunion und Firmung, Trauung) zugelassen werden sollen. Manche sind in dieser Frage sehr großzügig und weitherzig, legen die Latte niedrig, wollen das geknickte Rohr nicht ganz knicken. Andere wiederum sind streng, legen die Latte sehr hoch, verlangen von Firmlingen über Monate hinweg den regelmäßigen Sonntagskirchgang.[151] Wie halten es Seelsorger mit den Beerdigungen – etwa wenn jemand aus der Kirche ausgetreten ist? Was hätte wohl Jesus getan, so vermerkte der große Wiener Pastoraltheologe Ferdinand Klostermann[152] nach einer Rundreise durch Wiener Pfarrgemeinden, wo er diese Frage praktisch studiert hatte.
- Was macht die Kirche, wenn eine/r ihrer Angestellten mit der eigenen Ehe scheitert und sich dann nicht für das Alleinleben entschließen kann? Die Kirche hat sich das Recht erstritten, gestützt auf den Tendenzschutz, solche Personen aus dem pastoralen Dienst zu entlassen. Ähnliches trifft für Priester zu, die aus der Lebensform Zölibat aussteigen und heiraten oder sich für eine homosexuelle Lebensgemeinschaft – sich outend – entscheiden. Nicht wenige wittern auch in dieser Frage Erbarmungslosigkeit. Das scheint da-

durch bestätigt zu werden, dass manche Diözesen moderat vorgehen, diskrete Übergangslösungen suchen, andere Arbeitsplätze, manchmal in einer anderen Diözese, vermitteln.

- Einrichtungen der Caritas geraten unter massiven ökonomischen Druck. Das Feigenblatt dafür heißt Qualitätssicherung. Auf der Strecke bleibt, so berichten Personen, die in solchen Einrichtungen jahrelang mit Engagement und pastoraler Sorge arbeiten, die Barmherzigkeit. Das Erbarmen entzieht sich dem Controlling. Das kommt nicht überraschend. Diskretes Erbarmen scheut mit innerer Logik Transparenz. Sie muss – im strengen Sinn dieses Wortes – nach Gutdünken handeln: also das tun, was hier und jetzt gut dünkt.
- Große Sorge bereitet vielen Verantwortlichen der Kirche vor allem in Deutschland die Beratung von schwangeren Frauen in Konfliktsituationen. Sie verstehen zwar die Sorge Roms, dass durch die Beteiligung an der staatlichen Beratung „mit offenem Ausgang" der Eindruck entstehen könnte, die Kirche nehme ihre Ablehnung der Abtreibung selbst nicht ernst. Zugleich halten andere dagegen, dass gerade durch eine solche Beteiligung viele Kinder gerettet werden könnten und der Ausstieg den Zugang zu vielen Frauen mit Beratungsbedarf erschwert habe. Auch darin sehen manche eine Form von Erbarmungslosigkeit betroffenen Frauen und preisgegebenen Kindern gegenüber.
- Werden nicht auch in den Gemeinden der Kirche manche Menschen erbarmungslos „geschnitten"? Wo sind die Arbeitslosen, die gleichgeschlechtlich Orientierten, wo sind jene, bei denen sich „nichts mehr machen lässt", weil sie zum Beispiel durch Drogen in die Lebenssackgasse geraten sind, ohne Chance auf Umkehr?

- Was machen Kirchensteuerkirchen mit jenen, die – wegen des Geldes – austreten? Es bedrückt viele Verantwortliche in der Seelsorge, dass manchmal die Alternative heißt: Geld oder gehen.
- Erbarmungslos kann die Kirche werden, wenn sie ihren eigenen Gläubigen das Innerste vorenthält, was sie zum Leben brauchen und was sie stets neu zur Kirche Jesu werden lässt: „Leib hingegeben", „Blut vergossen" für das Leben der Welt. Mag sein, dass es in manchen Kirchen in den letzten Jahrzehnten zu viele Eucharistiefeiern gab. Eine Verminderung der Zahl kann zu einer Vermehrung der Tiefe und der Qualität führen. Aber faktisch geht es ja längst nicht mehr darum, die Qualität zu sichern, sondern um die Frage, ob es denn überhaupt noch sonntäglich „in Ruf- und Reichweite" einen eucharistischen Sonntagsgottesdienst gibt. Die Aufforderung mancher Diözesen, ins Auto zu steigen und anderswo hinzufahren, ignoriert das inzwischen wiedergewonnene Wissen um die Gemeinde und wirkt insbesondere auf jene, die weniger mobil sind (Mütter und Väter mit kleinen Kindern, ältere Menschen) zynisch. Warum schafft es in einer solchen bedrängenden Situation unsere Kirche nicht, die vielen, der Kirche von Gott gegebenen, presbyteralen Berufungen zu sehen und anzunehmen unter jenen Diakonen und Pastoralreferenten, die jederzeit bereit wären, sich zu Priestern weihen zu lassen? Auch unter den Pastoralreferentinnen und Gemeindereferentinnen sind nicht wenige, die in sich eine priesterliche Berufung fühlen. Erbarmungslos ist solche Praxis gegenüber Gemeindemitgliedern, die zunehmend älter werden und denen die Entörtlichung der Eucharistiefeier nicht zumutbar ist. Erbarmungslos ist die derzei-

tige Praxis des Zuwartens auf einen neuen Anstieg zölibatär lebender Priester aber auch gegenüber den Priestern. Immer mehr Arbeit wird auf immer weniger Schultern älter werdender Priester verteilt. Der Pfarrermangel nimmt Pfarrer arg in die Mangel!

- Mit dem Thema des kirchlichen Erbarmens steht eine ganz innere Frage im Zusammenhang: Welches Gottesbild wird vermittelt? Wie wird das Verhältnis von Gerechtigkeit und Erbarmen bestimmt? Merken die, die in der Kirche das Wort haben, dass sie in allem, was sie sagen, sich zugleich selbst offenbaren – wie sie also selbst Gerechtigkeit und Erbarmen erfahren haben? Nehmen sie wahr, dass sie durch diesen biographischen Filter auch aus der Heiligen Schrift „auswählen", was ihnen konveniert, sie bestätigt? Welche Rolle spielen die Grunderfahrungen von Angst und Vertrauen? Und vor allem: Was traut jemand, der öffentlich verkündigt, Gott zu? Oder mit Hans Urs von Balthasar zu reden: „Was dürfen wir hoffen"[153] – auch angesichts der biblischen Rede von der Hölle? Manche wollen nicht in den Himmel, wenn sie dort Hitler antreffen würden. Was ist einem Gott also zuzutrauen, dessen Herz größer ist als unseres und der sich auch dann noch treu bleibt, wenn unsererseits nur noch Untreue ist?
- Mit dem Gottesbild in hoher Spannung steht die Rede vom Leid. Hört man auf die Erfahrungen der Leidenden selbst, dann wird das leichtfertige Reden über Gott unmöglich. Denn nicht wenige sagen: „Es fühlt sich gar nicht nach Liebe an".[154] Auf der gleichen Denkspur liegt die theologisch so dunkle Frage, warum der gute Gott seinen eigenen Sohn „geopfert" hat – eine Frage, die schon angesichts des Knabenopfers Abrahams aufkommt und letztlich Ratlosigkeit ange-

sichts des Handelns Gottes hinterlässt. Wäre es nicht besser, statt zu versuchen, das Leid zu verstehen, in Solidarität mit anderen im Leid zu bestehen?

Es ist hier nicht der Raum, nun solchen latenten Erbarmungslosigkeiten in der alltäglichen Praxis der Kirche nachzugehen. Vielmehr sollen exemplarisch drei Beispiele herausgegriffen werden: die Ehepastoral, der Einsatz für eine Grundsicherung sowie die Theologie des Fegefeuers.

Zur Ehepastoral

Akribia und Oikonomia

In der pastoralen Tradition der Ostkirchen findet sich das handlungsleitende Begriffspaar von *Akribia* und *Oikonomia*. Akribia ist uns über das in der deutschen Sprache gebräuchliche Wort „akribisch" zugänglich: Ein akribischer Mensch ist ein penibel genauer Mensch. Ihm liegt sehr an der Einhaltung von Vorschriften und Gesetzen. Die Gerechtigkeit ist bei ihm bestens aufgehoben. Oikonomia wiederum begegnet in unserer Sprache in der Berufsbezeichnung Ökonom. Dieser ist dafür verantwortlich, dass sein Unternehmen, sein „Haus" floriert. Er ist ein guter Chef, sie eine gute Chefin. Im Griechischen meint *Oikos* aber mehr und zugleich weniger: das Welthaus einerseits (wovon sich die Ökologie und die ökologische Bewegung ableitet), aber auch ganz einfach der Haushalt einer Familie andererseits. Die Oikonomia meint im religiösen Sprachgebrauch der Ostkirchen vor allem, dass der Hausvater – und das ist jetzt der Bischof – zusieht, dass im Kirchen-Haus(halt) alle leben können.

Als der Ökumenische Patriarch Bartholomaios I. von Konstantinopel, zweihundertsiebzigster Nachfolger des Apostels Andreas, an der Universität Wien das Ehrendoktorat der Rechtswissenschaften erhielt, sprach er in seiner Dankesrede über „Gesetz und Oikonomia". Dabei erklärte er diese beiden pastoralen Eckbegriffe so:

„Im kanonischen Recht verwenden wir den Begriff ‚Akribie', um die genaue Einhaltung eines Kanons zum Ausdruck zu bringen, und den Begriff Ökonomie für eine Umgehung des Kanons zu einem höheren Zweck. Die Wörter *ηόμος* und *οίκονομία* haben die gleiche sprachliche Wurzel. *Νόμος* bedeutet, Rechte und Verpflichtungen richtig, gerecht verteilen, der *οίκονομος* verteilt die Güter des Hauses an die Mitglieder des Hauses richtig und gerecht. Der Kanon ist ein Vorbild für Verhalten und in seinem ursprünglichen Sinne ist er das Instrument zum Messen und Geraderichten. Die kirchliche Ökonomie ist die nützliche Umgehung der genauen Einhaltung des Kanons in einem bestimmten Einzelfall zum besseren Erreichen von höheren Zielen."[155]

Dieses Begriffspaar spiegelt somit das komplexe Verhältnis von Gerechtigkeit und Erbarmen wider. Die Akribie ist der Gerechtigkeit nahe, die Oikonomie dem Erbarmen. Damit ist auch schon betont, dass beide in keinem Widerspruch zueinander stehen, sondern sich zueinander wie zwei Pole verhalten. Die Hauptebene ist die Akribie. Gerechtigkeit muss gewahrt und gesucht werden. Dennoch ist manchmal Oikonomie nötig: als eine Entscheidung des Hausvaters, der sicherstellt, dass alle im Haus leben können – und das kann manchmal nicht (mehr) auf der Basis der Gerechtigkeit geschehen, sondern eben aufgrund des Erbarmens. Würde der Hausvater „nur" Gerechtigkeit üben, würde er schuldig werden an seiner die Gerechtigkeit übergreifenden Fürsorgepflicht für die Lebensfähigkeit aller Menschen.

Mitgesagt ist, dass sich aus der Ausnahme im Umgang mit der Gerechtigkeit (und ihrer Überbietung) kein allgemeiner Rechtsanspruch ableitet. Das einzelne Mitglied der Kirche hat immer einen einklagbaren Anspruch auf Gerechtigkeit, nicht aber auf Erbarmen. Es ist aber in konkreten Einzelsituationen nicht auf Gerechtigkeit angewiesen (weil dann Leben nicht auf-, sondern umkommt), sondern auf Erbarmen jenseits und manchmal unter Verletzung der Gerechtigkeit.

Patriarch Bartholomaios I. führte in seiner Dankrede biblische Beispiele für Oikonomie an; dabei steht anstelle des Begriffs Erbarmen das Wort „Philanthropie", übersetzt Menschenliebe:

- „Der Fall von Maria und Josef zeigt, dass Josef hier einen Weg sucht, um das Gesetz zu umgehen, als er erfahren hat, dass Maria ein Kind bekommt.[156] Und wenn er sich Gedanken macht, sie ‚unbemerkt zu entlassen', wollte er philanthrop handeln und nicht nach dem Gesetz, dessen akribische Anwendung das Leben von Maria und dem Kind in Gefahr gebracht hätte. Das strenge Gesetz sollte durch die Philanthropie Gottes in diesem Fall überschritten werden. Josef hat das Prinzip der Oikonomie angewandt, ohne den Begriff zu kennen und ohne die diesbezüglichen Überlegungen der Fachleute.
- Bekannt ist auch der Protest der Gelehrten und der Pharisäer wegen der Übertretung der Sabbatruhe durch Jesus Christus.[157] Diese Bestimmung könnte aus drei Gründen angewandt worden sein: 1.) aus gesundheitlichen Gründen, 2.) für

die Verwendung des Tages zu gottesdienstlichen Zwecken und 3.) zur Bekämpfung der Habgier durch übertriebene Arbeit. Gegen keinen von diesen erwähnten Gründen verstieß Jesus Christus durch die Heilung von Kranken am Sabbat, die als Verletzung des Kanons für den Sabbat betrachtet wurde. Hier haben wir einen Fall der Bevorzugung des Geistes und nicht des Buchstabens des Gesetzes. Durch die wortgenaue Einhaltung des Kanons kann das Höhere verletzt werden, nämlich die Philanthropie Gottes, die den Kanon diktiert hat zugunsten der Menschen, ohne die Menschen unter das Gesetz zu zwingen."

„Das orthodoxe kirchliche Leben", so der Patriarch, „ist voll von solchen Umgehungen der strengen Regelungen gemäß der Ökonomie." Dabei konzediert er durchaus: „Die Kanones sind aber unvermeidlich, weil die von vornherein bekannte Ordnung das Leben erleichtert."

Dem Patriarchen liegt schließlich daran, dass diese grundlegenden Einsichten im praktischen Leben der Kirche angemessen zum Zuge kommen. Bequeme oder moralisch Weitmaschige können sich nicht auf ihn berufen:

„Das barmherzige Entgegenkommen muss von der Kirche mit großer Umsicht angewandt werden. Der geistliche Vater handelt wie ein Arzt, der sich bemüht, die Heilung seiner Patienten zu erreichen. Oft gibt der Arzt, ohne die genauen Kenntnisse der Medizin aufzuheben oder zu missachten, nicht allen Patienten mit der gleichen Krankheit die gleichen Medikamente, wenn sie manchmal mehr Schaden verursachen könnten als heilen. Anders gesprochen, ein guter Arzt ist derjenige, der das Unterscheidungsvermögen besitzt, zu entscheiden, wann, wem, was und wie er anordnet, entsprechend seiner Krankheit, aber auch seiner persönlichen körperlichen und psychischen Beschaffenheit. Schon Johannes von Klimax, einer der größten Mystiker der Ostkirche, wusste bereits, dass ein Medikament, das für einen als Medizin wirkt, für den anderen zum Gift wird; auch das gleiche Medikament kann für denselben Patienten, wenn es in der richtigen Zeit verabreicht wird, als Medizin wirken, in einer nicht passenden Zeit jedoch kann es zum Gift werden. Es bedarf großer Anstrengung, Dynamik und Flexibilität, die das Charisma der Führung und Erleuchtung des Heiligen Geistes, das Gebet und vor allem Heiligkeit voraussetzen. Der geistliche Vater und Mentor ist kein Exekutor von Gesetzen und kein Verteiler einfacher Rezepte, sondern geistlicher Pädagoge, Wegweiser, Wegbegleiter mit Liebe. Die Verantwortung ist sehr groß für die ‚Unterscheidung der Geister'. Die Sammlung der Heiligen Kanones, die der heilige Nikodim vom Berg Athos vorgenommen hat, heißt *Πηδάλιον*, das heißt ‚Steuer' oder ‚Ruder'. Gemäß der Äußerung eines Mönchs vom heiligen Berg Athos heißt diese Sammlung deshalb ‚Steuer', *Πηδάλιον*, weil damit, d. h. mit den Kanones, das Schiff der Kirche richtig gelenkt werden kann und immer wieder die Felsen, die auch unter dem Wasser sein können, vermieden werden. Das blinde Geradeausfahren kann zur Katastrophe führen. Die Kirche weiß also, wie ihr Schiff erfolgreich zu lenken ist zum Heil aller Menschen, indem sie entweder die ‚Akribie' oder die ‚Ökonomie' anwendet, je nachdem, was dem Heil dient."

Dieser Text fordert die „geistlichen Väter", den Bischof, die Pfarrer der christlichen Kirchen. Wer, wenn nicht sie, sollten „wie der Vater" im lukanischen Gleichnis werden! Viele dazu Bestellte scheinen sich feig vor dieser pastoralen Verantwortung zu drücken, die sie dem jeweiligen Einzelfall gegenüber haben. Ihre Aufgabe besteht dann nicht nur darin, akribisch dem Gesetz und der Ordnung gerecht zu werden, sondern vor allem dem einzelnen Menschen in seiner einmaligen und immer brüchigen Geschichte. Seine Aufgabe ist es nicht, dabei zu überfordern. Eine alte weise Regel für Beichtväter lautet: *Ad impossibile nemo tenetur* – niemand kann zu Unmöglichem verpflichtet werden. Wer es dennoch rigid-akribisch macht, wird im jesuanischen Sinn dem Menschen nicht gerecht: also in einer eigenen Weise „ungerecht“.

Im Kapitel 64 der Regel des heiligen Benedikt heißt es:

„Er sei keusch, nüchtern und barmherzig,
und das Erbarmen übertreffe immer das Richten,
damit auch er Gleiches erfahre.
Er hasse das Böse und liebe die Brüder.
Muss er zurechtweisen, so gehe er klug vor
und tue nicht zu viel des Guten,
damit das Gefäß nicht zerbricht,
wenn er den Rost allzu eifrig auskratzen will.
Stets misstraue er seiner eigenen Schwachheit
und erinnere sich:
ein geknicktes Rohr darf man nicht brechen!
Damit sagen wir nicht, er dürfe Fehler wuchern lassen,
sondern er scheide sie klug und liebevoll heraus,
wie es dem Einzelnen nach seiner Ansicht hilft,
– was wir schon sagten –;
und er suche, mehr geliebt als gefürchtet zu werden.
Er sei nicht aufgeregt oder ängstlich,
nicht maßlos oder engstirnig,

nicht eifersüchtig oder argwöhnisch,
weil er sonst nie zur Ruhe kommt.
Bei Anordnungen sei er weitsichtig und besonnen.
Ob ein Arbeitsauftrag, den er erteilt,
Göttliches oder Weltliches betrifft,
wisse er zu unterscheiden und Maß zu halten.
Er denke an die Unterscheidungsgabe des heiligen Jakob,
der sprach:
Wenn ich meine Herden unterwegs überanstrenge,
gehen alle an einem einzigen Tag zugrunde."[158]

Wir überlassen es den geneigten Leserinnen und Lesern, selbst Schlussfolgerungen für eine weiterentwickelte Pastoral im Umkreis von Scheidung und Wiederverheiratung in der katholischen Kirche zu ziehen. Die österreichischen Bischöfe haben das im Jahre 1980 versucht und geschrieben:

„Ein besonderes Problem ... betrifft die Pastoral an Geschiedenen, die wieder geheiratet haben. Die Kirche hat auch solchen Christen gegenüber zu bezeugen, dass die Ehe nach dem Gebot des Herrn als unauflösliche Gemeinschaft zu verstehen ist. Deshalb kann sie derartige Zweitehen nicht als sakramentale Gemeinschaften anerkennen. Auch die Kirche steht unter dem Wort des Herrn.

Andererseits ist es aber ... Aufgabe der Kirche, auch gegenüber solchen bloß standesamtlich geschlossenen Ehen Verständnis zu zeigen. Solche Eheleute sind nicht von der Kirche getrennt. Sie sollen am gottesdienstlichen Leben teilnehmen. Nach der traditionellen Praxis der Kirche können sie aber nicht am vollen sakramentalen Leben teilnehmen, es sei denn, es liegen besondere Verhältnisse vor, die jeweils im Gespräch mit einem erfahrenen Priester der näheren Klärung bedürfen."[159]

Durch diesen sensiblen Text scheint das Wissen um Akribie und Oikonomie durch. Die Bindung an das Herrenwort ist akribisch, der Hinweis auf besondere Verhältnisse hingegen oikonomisch. Beide Handlungsprinzipien sind aber umfangen von der liebenden Sorge Gottes für das Wohl jedes Menschen.

Es gibt Anzeichen dafür, dass solche pastorale Regelungen in der römisch-katholischen Weltkirche nicht nur lokalkirchlich[160] erwogen werden. Zwar hat sich Johannes Paul II. für die römisch-katholische Kirche von einer solchen Übernahme pastoraler Prinzipien aus der Ostkirche in der Scheidungspastoral aus grundsätzlichen Überlegungen gewehrt[161]. Benedikt XVI. scheint aber – wenn die Berichte[162] stimmen – eine modifizierte Weiterentwicklung zu erwägen. Diese könnte verbunden sein mit der von ihm in Gang gesetzten entschlossenen Annäherung an die orthodoxe Kirche. Durch einen solchen Erfahrungsaustausch kann sich zwischen den Kirchen in pastoralen Fragen ein ökumenischer Dialog intensivieren. Dann ist aber anzunehmen, dass das biblisch gut abgestützte ostkirchliche Prinzipienpaar von Akribie und Oikonomie, von gesetzestreuer Gerechtigkeit und philanthropem Erbarmen, pastorales Gemeingut der dann vereinten christlichen Kirchen werden wird. Der katholischen Kirche würde dies einen spürbaren Schritt in Richtung einer Pastoral des Erbarmens bringen. Franz Kardinal König hatte bereits 1963 diesen Vorschlag in den katholischen Diskurs um Scheidung und Wiederverheiratung eingebracht.[163]

Lieben und Erbarmen

Die Kirche könnte zu mehr Erbarmen in der Liebe zwischen den Menschen fördernd beitragen, würde sie ihre Ehepredigt überdenken. Das übliche Strickmuster vieler Hochzeitspredigten (und dahinter wohl auch Beiträge von Seelsorger/innen bei Brautleutetagen) geht so: Die Liebe zwischen Mann und Frau war immer schon durch Untreue gefährdet und ist es unter den heutigen permissiven Verhältnissen moderner Kulturen umso mehr. Also wird Gott bemüht als Garant der Treue und der Unlösbarkeit des ehelichen Bundes. Aus der Sicht des Glaubens, so die Rede, ist eine geschlossene Ehe unauflöslich. Nun trifft das ja, theologisch genau besehen, so nicht zu. Nur eine vollzogene Ehe ist unauflöslich. Zudem kann ein Ehepartner die Ehe verlassen *in favorem fidei*, wegen des höheren Gutes des Glaubens. Das geht schon auf den Apostel Paulus zurück:

Den Verheirateten gebiete nicht ich, sondern der Herr: Die Frau soll sich vom Mann nicht trennen – wenn sie sich aber trennt, so bleibe sie unverheiratet oder versöhne sich wieder mit dem Mann – und der Mann darf die Frau nicht verstoßen.
Den Übrigen sage ich, nicht der Herr: Wenn ein Bruder eine ungläubige Frau hat und sie willigt ein, weiter mit ihm zusammenzuleben, soll er sie nicht verstoßen. Auch eine Frau soll ihren ungläubigen Mann nicht verstoßen, wenn er einwilligt, weiter mit ihr zusammenzuleben. Denn der ungläubige Mann ist durch die Frau geheiligt und die ungläubige Frau ist durch ihren gläubigen Mann geheiligt. Sonst wären eure Kinder unrein; sie sind aber heilig. Wenn aber der Ungläubige sich trennen will, soll er es tun. Der Bruder oder die Schwester ist in solchen Fällen nicht wie ein Sklave gebunden; zu einem Leben in Frieden hat Gott euch berufen. (1 Kor 7,10–15)

Das ist der ostkirchlichen Praxis sehr ähnlich: Wenn es um das gesamte Wohl eines Menschen geht, vor allem um seinen Glauben und damit sein Heil, dann steht das Gesetz der ehelichen Untrennbarkeit zurück – insbesondere, wenn es nicht gut geht. So pragmatisch argumentiert Paulus und nennt auch den *oikonomischen* Grund: *Denn zu einem Leben in Frieden (im schalom) hat Gott euch berufen.*

Umstritten ist die Auslegung der Argumentation bei Matthäus unter den Bibelauslegern. Die Ostkirche stützt sich auf die so genannte Matthäusklausel *parektos logou porneias* (Mt 5,32; auch: Mt 19,9 *me epi porneia*) „ausgenommen ...“, und was hier *porneia* genau meint, darüber streiten die Fachleute schon sehr lange.[164] Immerhin hat sich von da aus die Praxis entwickelt, dass in bestimmten Situationen das Weggehen aus einer Ehe mehr für sich hat als das Bleiben. Das Matthäusevangelium leitet im Übrigen diese Passage über die Ehe und die Ehescheidung so ein: *Als Jesus diese Reden beendet hatte, verließ er Galiläa und zog in das Gebiet von Judäa jenseits des Jordan. Viele Menschen folgten ihm dorthin und er heilte sie* (Mt 19,1f).

Offenbar legte der Evangelist großen Wert darauf, dass es Jesus um das Heilen ging: auch von verwundeten Beziehungen.

Von solchen besonderen Situationen abgesehen, gilt die katholische Kirche als eine der starken Gegenkräfte gegen die Auflösung von ehelichen Verbünden. Und das ist wegen der Partner und wegen der Kinder, die im Lebensfeld eines Ehepaares aufwachsen, gut so. Denn sowohl Erwachsene wie Kinder brauchen familiale Lebensräume, geprägt von Stabilität und Liebe.[165]

Aber wie trägt der Glaube zur Festigkeit eines ehelichen Liebesbundes bei? Läuft das über eine Pflichtmoral? Also indem man Liebenden sagt: „Ihr sollt die Ehe nicht brechen"? Und indem man dann, was in der Kirche seit ihrer Frühzeit der Fall war, den Ehebruch zu den nur auf einem langen Bußweg vergebbaren Kapitalverbrechen zählt, wie Mord und Glaubensabfall – nur diese drei also? Und kann man zumal heute wirklich hoffen, dass die Strenge der Kirche den Verbundenen ernsthaft hilft, dass sie bei der Stange bleiben und nicht auch in der erstbesten Krise aus der Ehe weggehen? Wer tut das aber schon wirklich? Ist es also eine mit Sanktionen besetzte Moral, welche die Ehe schützt und stärkt?

Wir meinen, dass die Ursache des Zerbrechens von ehelichen Bündnissen tiefer liegt. Die eigentliche Ebene ist nicht die Unmoral, sondern eine seltsame Art von Unvermögen. Das Ganze hat letztlich mit Erbarmungslosigkeit zu tun – und ins Positive gewendet: Was den Liebenden mehr helfen könnte, wäre, sie lernten, Erbarmen zueinander zu üben.

Sehnsucht ist der Anfang von allem.
Nelly Sachs

Um das zu erklären, hole ich etwas aus. Es gehört zu den Erfahrungen jedes ausgereiften Menschen, dass es in uns eine tiefe Sehnsucht gibt. Jacques Lacan, französischer Psychotherapeut, hat den Menschen deshalb mit dem Begriff *désir* zu begreifen versucht. Die „Lebensheiligtümer"[166], die den *désir* konkretisieren, wie Ansehen, Macht im Sinne von etwas machen können, kreativ sein, „Besitz" im Sinn von Heimat und Boden unter den Füßen, prägen zutiefst das Leben jedes Menschen. Auch und gerade in der (ehelichen) Liebe, so ehewissenschaftliche Befunde[167], spielen diese Lebensheiligtümer eine entscheidende Rolle. Nun passt dieses Sehnen letztlich nicht in Raum und Zeit. Es ist so besehen maßlos, grenzenlos. Die Sehnsucht nach Liebe ist nicht an Orte und Zeiten gebunden, sondern allgegenwärtig. Der Mensch lebt aber in diesem Erdenleben gebunden an Raum und Zeit. Das hat zur Folge, wie Erfahrene leidvoll erleben, dass die Sehnsucht immer größer ist als das, was stattfindet, die Rechnungen des Lebens also immer offenbleiben. Denn jeder Mensch, mag er noch so vollkommen und ausgereift sein, ist für die maßlose Sehnsucht eines Menschen eine Nummer zu groß. Noch einmal Lacan: Neben dem *désir* ist für den Menschen ein leidvoller *manque*, ein Mangel, eine Entbehrung charakteristisch.

Mit dieser Spannung zwischen maßlosem Sehnen (*désir*) und nur mäßiger Erfüllung (*manque*) zu leben, ist hohe Lebenskunst. Dafür kennt unsere Kultur unterschiedliche Entwürfe:

Überzeugte Atheisten, wie Henri Lefebvre[168], erklären sich diesen spannungsgeladenen Zustand so: Das Maßlose der Sehnsucht erleben wir in Momenten, die ins Leben eingestreut sind: in den Festen der Liebe, in umwerfender Erkenntnis, in packendem Spiel, in guter Arbeit. Hier erleben wir eine Erfüllung der maßlosen Sehnsucht: Im Augenblick also, zu dem wir sagen, verweile doch, du bist so schön. Aber der Mensch, der auf dem Berg der Verklärung ist und dort drei bleibende Hütten bauen will, muss wieder in das Tal des alltäglichen Lebens herunter. Die Momente, die Feste des Lebens, scheitern. Und sie sind auch nur selten. „Nur dreimal im Leben wackelt die Erde“, lässt Ernest Hemingway die Mutter jener Zigeunerin, deren Tochter der Soldat liebt, sagen.[169] Dieses schmerzliche Erwachen aus den Festen des Lebens hat aber durchaus einen Sinn: Aus der Erinnerung an vergangene Feste wächst der

Wunsch nach einem neuen Fest. Und das hält unser Leben in Spannung und Bewegung.

Es gibt aber nicht nur überzeugte Atheisten, sondern ganz pragmatische. Auch sie tragen in sich den maßlosen Wunsch nach einem optimal leidfreien Glück, und das in Liebe, Arbeit und Amüsement. Auch sie rechnen nur mit der irdischen Lebenszeit. Das grenzenlose Glück gilt es also in der begrenzten Zeit von achtzig, wenn es hochkommt, neunzig Jahren zu erlangen. Marianne Gronemeyer nennt solch ein Konzept „Leben als letzte Gelegenheit“[170]. Die innere Spannung, das Maßlose im Mäßigen, das Unbegrenzte im Begrenzten zu erleben, prägt solch ein Leben. Es wird immer schneller, ist anfordernd, ja überfordernd, gepeinigt von der tiefen Angst, zu kurz zu kommen, was in der Folge Menschen zunehmend entsolidarisiert.

Hier liegt die verborgene Quelle der Erbarmungslosigkeit in der Liebe. Sie ist die eigentliche Ursache, warum so viele Menschen mit großen Träumen beginnen und noch größeren Enttäuschungen alsbald auseinandergehen. Sie überfordern einander erbarmungslos. Jürg Willi ist der Überzeugung, dass nicht wenige Beziehungen heute aus unbemerkter religiöser Überforderung scheitern.[171]

Das ist noch theologisch zu vertiefen. Der maßlose *désir*, den ein Mensch in sich trägt, entspringt theologisch besehen dem bestaunenswerten Wunder, dass Gott Menschen erschaffen hat und es etwas Erschaffenes neben dem unerschaffenen Gott geben kann und gibt: Der Mensch kommt von Gott und ist auf dem Weg zu ihm zurück. Und das mit dem Ziel, dass der Mensch mit Gott in einer Gemeinschaft tiefer Einheit und Liebe selig ist. Daher ist das Sehnen maßlos, weil es sich letztlich auf den maßlosen Gott richtet. Bildhaft formuliert: Der Sehnsucht des maßlosen Gottes nach dem Menschen entspricht die maßlose Sehnsucht des Menschen nach Gott. Unruhig ist des Menschen Herz, bis es am Herzen Gottes zur Ruhe kommt. Unruhig ist das Herz Gottes, bis es am Herzen des Menschen, am Herzen der Welt ruht.

Nun sind viele Menschen heute nicht mehr gottkundig. Verbreitet ist eine kulturelle Gottvergessenheit. Sie können ihre maßlose Sehnsucht nicht mehr religiös deuten und auf Gott ausrichten. Das führt sie dazu, die maßlose Sehnsucht auf Erden unterzubringen – in der Liebe, in der Arbeit, im Amüsement. Für die Lebenden heißt dies aber: Sie geraten auf diese Weise – unbemerkt – in die Fluchtlinie der Gottessehnsucht des anderen. Das meint offenkundig Jürg Willi, wenn er von der latenten religiösen Überforderung der Liebe spricht. Roman Bleistein hat diese Erfahrung für junge Menschen so in Worte gekleidet:

„Wer liebt, sucht im Letzten einen Gott, d. h. einen, der ihn so erfüllt, dass weder Maß noch Grenze vorhanden sind: also Ewigkeit, Unendlichkeit. Der eine Mensch verheißt dem anderen eine solche Erfüllung. Welcher Mensch kann dafür einstehen? Die erste Tugend der Liebe heißt: das Erbarmen. In ihm vergebe ich dem anderen, dass er mein Gott nicht sein kann.“[172]

Das wäre eine Pastoral des Erbarmens, wenn sie Liebende auf dem Weg zur Ehe und in dieser solches Erbarmen lehren könnte. Das setzte freilich voraus, dass nicht die Fragen der Ehemoral in den Vordergrund gespielt werden, sondern die Mystik der Sehnsucht das Hauptthema sein müsste. Von hier aus kann man auch verstehen, dass Therapeuten der Überzeugung sind, dass Liebende weniger an Unmoral scheitern, sondern an Unvermögen, ja geradezu einer Art Unerlöstheit. Sie scheitern, weil sie in der Liebe – wie das Volkslied so genau besingt – den Himmel auf Erden finden möchten. Besser wäre es, die Kirche lehrte die Liebenden, ihre tiefe Gottessehnsucht nicht erbarmungslos dem anderen aufzulasten, sondern dort festzumachen, wo sie hingehört: an Gott selbst. Die beste Ehevorbereitung wäre dann, wenn Liebende lernen könnten, aus tiefstem Herzen zu beten:

Gott, du mein Gott, dich suche ich,
meine Seele dürstet nach dir.
Nach dir schmachtet mein Leib
wie dürres, lechzendes Land ohne Wasser.
Darum halte ich Ausschau nach dir im Heiligtum,
um deine Macht und Herrlichkeit zu sehen.
Denn deine Huld ist besser als das Leben;
darum preisen dich meine Lippen.
Ich will dich rühmen mein Leben lang,
in deinem Namen die Hände erheben.
Wie an Fett und Mark wird satt meine Seele,
mit jubelnden Lippen soll mein Mund dich preisen.
Ich denke an dich auf nächtlichem Lager
und sinne über dich nach, wenn ich wache.
Ja, du wurdest meine Hilfe;
jubeln kann ich im Schatten deiner Flügel.
Meine Seele hängt an dir, deine rechte Hand hält mich fest.
(Psalm 63,2–9)

Erbarmen braucht nicht nur Gesinnung, sondern Strukturen. So wie es eine helfende Caritas gibt, braucht es auch eine politische Caritas. Das hat mit dem Verhältnis von Taten und Strukturen zu tun, die enger zusammenhängen, als manchmal auf den ersten Blick ersichtlich ist. Strukturen sind nichts anderes als wiederholte Handlungen (gute oder böse, gerechte oder ungerechte), die sich über die Wiederholung zu Handlungsmustern verfestigen und die (manchmal zusätzlich religiös oder naturrechtlich legitimiert) für alle in einem Volk – und das über Generationen hinweg – verbindlich gemacht werden.[173]

Solche Strukturen sind in Europa entstanden, um die Menschen in gemeinsamer Anstrengung vor den größeren Bedrohungen zu schützen: dem Altwerden, der Krankheit, der Arbeitslosigkeit. Diese Strukturen tragen zusammen den Namen „Sozialstaat". Er ist eine Struktur der organisierten Solidarität.

Nun gibt es Momente am Sozialstaat, die nach einer Weiterentwicklung verlangen. Das ist heute insofern schwierig, weil diese europäische Errungenschaft in den meisten europäischen Staaten in einer tiefen Finanzierungskrise ist und umgebaut werden muss, damit sie erhalten bleibt. Dennoch hat sich beispielsweise Österreich durchgerungen, als Alternative der „Liberalisierung der Euthanasie" auf das sozialstaatliche Engagement im Bereich Hospizarbeit zu setzen.

Ein anderes sozialstaatliches Projekt, das von einer kirchlichen Avantgarde im Zusammenspiel mit Vordenkern aus der Wissenschaft vertreten wird, ist die Grundsicherung von Menschen, die sich aus eigener Kraft nicht hinreichend am gesellschaftlich erwirtschafteten Reichtum beteiligen können. Das treibt solche Menschen nicht nur in die Armut, sondern auch in eine demütigende Abhängigkeit von der Sozialhilfe.

Dagegen wird mithilfe der Vision von einer „Mindestsicherung" für alle ein „Grundeinkommen ohne Arbeit" angedacht. Im katholischen Bereich steht der Einsatz für eine solche gesellschaftspolitische Utopie die Katholische Sozialakademie Österreichs.[174] Schon im Jahre 1985 legte der damalige Leiter Herwig Büchele einen durchaus realisierbaren Entwurf vor. Das sind die Grundzüge eines solchen politischen Projekts des „Erbarmens":

Jedem Menschen in der Gesellschaft wird verlässlich ein monatliches Mindesteinkommen bezahlt, unabhängig davon, ob er einer Erwerbsarbeit nachgeht oder nicht. Die sozialphilosophische Begründung: Die Lebenschancen von Menschen in der Gesellschaft werden dann nicht mehr durch die Erwerbsarbeit (allein) verteilt, denn alle Menschen haben das Recht, die Güter unserer Erde gemeinsam zu nutzen. Von einem neu verstandenen Eigentumsrecht her wird das Grundeinkommen ethisch gerechtfertigt: „Gerade in einer Epoche, in der der Gesellschaft zunehmend die Erwerbsarbeit ausgeht und die Existenzgrundlage vieler Menschen nicht mehr auf der Erwerbsarbeit beruht, könnte ein Grundeinkommen in gewisser Weise jedem Menschen sein Existenzrecht garantieren. Oder anders gesagt: In einer Zeit, in der die Güter und Dienstleistungen immer mehr von Computern, Robotern und Automaten und immer weniger durch menschliche Arbeitskraft erstellt werden, wird es zunehmend fragwürdig, ja sinnlos, Güterversorgung und Güterverteilung vom Einsatz menschlicher Arbeitsleistung abhängig zu machen. Ein Grundeinkommen könnte eine solche erwerbsunabhängige Güterverteilung möglich machen.“[175]

Die Einführung eines Grundeinkommens führe langfristig zu einer Klimaveränderung in der Gesellschaft. Nicht zufällig lautet daher der Untertitel der programmatischen Schrift *Auf dem Weg zu einer kommunikativen Gesellschaft*.[176] Zu einer solchen Vermenschlichung der Gesellschaft könnten nach Büchele folgende Momente beitragen:

- Damit der Mensch frei handeln kann, braucht er eine wirtschaftliche Sicherung. Finanzielle Zwänge schränken die Wahlfreiheit im Beruf, in Arbeitsbereichen oder in zwischenmenschlichen Beziehungen oft erheblich ein. Es entstehen Abhängigkeiten psychischer und moralischer Art. Ein Grundeinkommen bringt eine größere Handlungsfreiheit.[177]
- Dazu kommt: Menschliches Leben realisiert sich wesentlich über Arbeit, die Selbstausdruck des Menschen ist.[178] Menschen werden zufriedener, wenn sie eine Tätigkeit gefunden haben, die sie als sinnvoll und schöpferisch erleben. Sie leisten mehr, werden produktiver; ihre Lebensfreude nimmt zu. Ein Grundeinkommen eröffnete eine größere Möglichkeit, „einen Beruf zu wählen, der der Berufung, der Neigung, der Fähigkeit ... eines Menschen entspricht. Die Chancengerechtigkeit in der Berufswahl würde erhöht“.
- Auch könnte die Vorherrschaft des Kapitals und der Kapitaleigner unterlaufen werden. Wird doch durch ein Grundeinkommen jenen geholfen, die nur schlechte oder menschenunwürdige Arbeit zu lebensfeindlichen Bedingungen finden können. Sie könnten es sich dann nämlich leisten, angebotene „schlechte“ Arbeit auszuschlagen. Die Arbeitgeber wer-

den ihrerseits gezwungen, bessere Arbeitsbedingungen zu schaffen. Die asymmetrisch-machtförmigen Beziehungen zwischen den Tarifpartnern könnten sich mehr symmetrisch gestalten.

- Herkömmlicherweise wird Leben über Besitz und Leistung definiert. Der Wert eines Menschen wird daran gemessen, was er leistet (produziert) und sich leisten kann (konsumiert). Ein Grundeinkommen könnte solche unmenschlichen Formen unterbrechen. Das Bewusstsein könnte geweckt werden, dass ein Mensch um seiner selbst willen Lebensrecht hat.
- Der Sozialstaat erweist sich als ein Versorgungsstaat. Dem entspricht eine Versorgungsmentalität bei den Bürgern. Eigeninitiativen werden gelähmt. Die Abhängigkeit von der bürokratischen Sozialverwaltung wird so nur größer. „Durch ein Grundeinkommen könnte die staatlich verfasste Gesellschaft einen Freiraum schaffen, durch den Menschen befähigt werden, in kleinen sozialen Netzen gemeinsame Selbsthilfe zu initiieren, die nicht nur den Sozialstaat materiell entlasten, sondern den Aufbau von Orten der menschlichen Begegnung fördern, in denen die Menschen den Sinn eigener Leistungsbereitschaft, das Vertrauen in die eigene Leistungsfähigkeit und neue Formen des Umgangs miteinander lernen können.

Darüber hinaus wird durch das Grundeinkommen eine neue Konzeption des Sozialstaates ermöglicht, die sich im Maße des Zurückgehens der Erwerbsarbeit so und so als notwendig erweisen wird. Unser System der sozialen Sicherheit wird durch die Erwerbsarbeit auf der Basis der Beitragbemessungen nach den Löhnen und Gehältern beziehungsweise der Lohn- und Gehaltssumme finanziert. Reduziert sich die Erwerbsarbeit, dann bleibt im herkömmlichen System nichts anderes übrig, als die immer kleiner werdende Schicht der Erwerbstätigen höher zu belasten oder größere Beiträge aus allgemeinen Budgetmitteln zuzuschießen.

Außerdem würde ein Grundeinkommen im Hinblick auf den administrativen Aufwand billiger kommen ..., die Fixierung auf krankmachende Rollen könnte geringer werden. Heute erhält jemand nur dann eine Sozialhilfe als Einkommen, wenn er deutliche Symptome vorweisen kann, wie Drogen- oder Alkoholabhängigkeit, Krankheit, Arbeitslosigkeit usw. Dies verführt dazu, solche Symptome auch zu pflegen. Ein Grundeinkommen macht es zum Beispiel für eine alleinstehende Frau überflüssig, in eine Krankheit mit psychosomatischen Erscheinungen zu fliehen, um in den ‚Genuss' der Sozialhilfe zu gelangen. Der Sozialstaat wird von solch teuren Patienten entlastet."[179]

Das Sozialwort der christlichen Kirchen in Österreich aus dem Jahre 2003 hält diese sozialpolitische Vision in Erinnerung: „(176) Jeder Mensch hat Würde – unabhängig von Erwerbsarbeit und Leistung. Darum bedarf es einer gerechten Verteilung von gesellschaftlicher Arbeit und gesellschaftlichem Einkommen.

Arbeiten zum Erhalt der Schöpfung, pflegende, vorsorgende, regenerierende Tätigkeiten sind unverzichtbar und demgemäß zu bewerten und existentiell abzusichern.

In diesem Zusammenhang wurde in vielen Einsendungen zum Sozialbericht die Einführung einer bedarfsorientierten Mindestsicherung oder eines allgemeinen Grundeinkommens zur Diskussion gestellt."[180]

Eine Pastoral des Erbarmens setzt ihren Akzent nicht auf moralische Unterweisungen, sondern im strengen Sinn auf Mystik. Das Geheimnis, das jeder Mensch sich selbst ist, gilt es, wenn schon nicht verstehen, so doch bewohnen zu lernen. Dasselbe gilt für das Geheimnis Gottes. Moral wird sich dann von selbst daraus ergeben. Die Wahrheit kann tun, wer in der Wahrheit ist. Dabei wird vorausgesetzt, dass das Wohnen im Geheimnis dem Menschen jene Angst um sich selbst nimmt, die es ihm schwer macht, das Gute zu tun. Denn ist die Quelle der Unmoral letztlich nicht die tief sitzende Daseinsangst des Menschen um sich selbst?[181]

Wenn es nun aber zum Geheimnis des Menschen gehört, dass in ihm eine maßlose Sehnsucht wohnt, für die es im Leben auf dieser Erde immer nur spurenhafte Erfüllungen und andeutende Ahnungen gibt, dann berührt dies nicht nur die Liebe und ihre Kultivierung. Es ist das ganze Leben davon betroffen.

In profanen, auch in spirituellen Kreisen wird heute immer mehr über die Erfahrung nachgedacht, dass wir zu schnell leben. Langsamkeit wird gepriesen, Entschleunigung empfohlen. Solche Anleitungen haben mit dem Gespür vieler Menschen zu tun, dass sie eine Sehnsucht nach Glück in sich tragen, das sich nur fragmentarisch einstellen mag, nie aber das Sehnen selbst beruhigt.

Im Umkreis solcher Erfahrung suchen manche einen Ausweg über asiatische Weisheiten. Diese werden freilich dann europäisch umgedeutet. So meinen nicht wenige in Europa (laut Umfragen 21%), dass es eine Reinkarnation gebe. Diese ermögliche es dem Menschen, die in einem ersten Leben unerfüllte Sehnsucht in einem zweiten Leben weiter zu „füllen" – und so weiter. Dabei werden zwei Momente übersehen: zum einen, dass es für die maßlose Sehnsucht durch noch so viele endliche Leben keine Erfüllung geben kann. Und zudem: Die asiatische Lehre von der Reinkarnation ist keine Anleitung zur Glückmaximierung, sondern eher eine dunkle Erlösungslehre. Wer böses Karma in den Tod mitbringt, muss noch einmal in ein Leben zurück, um dieses abzubüßen – und zwar so lange, bis er gereinigt ist für den Eintritt in das Paradies.

In diesem Punkt trifft sich das Christentum mit der asiatischen Lehre: Eintreten ins Paradies kann nur, wer gereinigt und vollendet ist. Der Unterschied zwischen dem Christentum und asiatischen Erlösungstraditionen liegt freilich darin, dass ein Christ nicht „zurück"muss, um sich selbst weiter zu vollenden. Vielmehr hoffen Christen auf ein Fegefeuer, das aus dem Fragment ein Ganzes macht. Auch das ist eine Variation göttlichen Erbarmens. Denn wenn es gerecht zuginge, müsste der Mensch, der ins ewige Leben eintritt, vollkommen sein, geheiligt, gereift und gereinigt, wie Benedikt XVI. in seiner ersten Enzyklika wiederholt formuliert.

Das aber wird, von wenigen Ausnahmen abgesehen, niemand sein. Jeder wird als unvollendete Symphonie bei Gott ankommen. Im Feuer seiner Liebe, seines schöpferischen Erbarmens wird er nicht von uns die Vollkommenheit verlangen, sondern sie im Reifeofen seiner Liebe selbst heilend schaffen. Dann kann der Mensch *schalom* in jenes Leben eintreten, das vom Christentum immer mit der Formel *beatitudine perfrui*, die Glückseligkeit auskosten, umrissen worden ist.

Das Herz

Mit dem Wort „erbarmen" hängt eng das deutsche Wort „barmherzig" zusammen. Barmherzig ist ein Mensch, der ein von Erbarmen erfülltes Herz hat.

Herz meint biblisch Verstand, Bewusstsein, Gedächtnis, Wille, aber auch Fleisch, Geist, Seele, die Person als ganze. In ihm sammelt sich Hass oder Liebe. Das Herz kann versteinern oder aber lebendig sein. Aus ihm kommt das Böse oder das Gute. So verheißt Gott über den Propheten Ezechiel seinem hartherzigen Volk: *Ich schenke euch ein neues Herz und lege einen neuen Geist in euch. Ich nehme das Herz von Stein aus eurer Brust und gebe euch ein Herz von Fleisch.* (Ez 36,26)

Gott hat ein Herz für die Menschen. Dieser berührende theologische Grundsatz hat sich freilich in eine Frömmigkeitsform hineinverloren, die es uns heute erschwert, uns ihr unbefangen hinzugeben. Die kitschigen Bilder vom Herzen Jesu, vom Herzen Mariens, die gleichfalls doch seltsam anmutende Vision der Schwester Faustina sind für nüchterne Zeitgenoss/innen nicht immer anziehend, sondern eher abstoßend.

Ich habe das persönliche Glück gehabt, in der Schule der beiden großen Rahnerbrüder Hugo und Karl etwas von der ursprünglichen Unbefangenheit gegenüber der Herz-Jesu-Verehrung wiederzugewinnen. Einen der theologisch tiefschürfenden Sätze fand ich im Kleinen Kirchenjahr von Karl Rahner aus dem Jahre 1954. Ich dokumentiere ihn ausführlich, weil er nur mehr schwer zugänglich ist:

„Die Erde, unsere große Mutter, ist selbst bekümmert. Sie stöhnt unter ihrer Vergänglichkeit. Ihre fröhlichsten Feste sind plötzlich wie der Beginn einer Totenfeier, und wenn man ihr Lachen hört, zittert man, ob sie nicht im nächsten Augenblick unter einem Gelächter weint. Sie gebiert Kinder, die sterben, die zu schwach sind, um immer zu leben, und zu viel Geist haben, um anspruchslos auf die ewige Freude verzichten zu können, weil sie, anders wie die Tiere der Erde, schon das Ende sehen, bevor es da ist, und ihnen die wache Erfahrung des Endes nicht mitleidig erspart wird. Die Erde gebiert Kinder maßlosen Herzens, und ach, was sie ihnen gibt, ist zu schön, um von ihnen verachtet zu werden, und ist zu arm, um sie – die Unersättlichen – reich zu machen."[182]

„Er ist gestorben. Aber – gestorben heißt nicht (wie wir als eigentlich sehr unchristliche Spiritualisten kurzsichtig meinen): sein Geist und seine Seele, das Gefäß seiner ewigen Gottheit, habe sich der Welt und Erde entrungen, sei gewissermaßen in die weite Herrlichkeit Gottes jenseits aller Welt geflüchtet, weil der Leib, der sie der Erde verband, im Tod zerbrochen sei und weil die mörderische Erde gezeigt habe, dass das Kind des ewigen Lichtes keine Heimat in ihrem Dunkel habe finden können. Gestorben, sagen wir und fügen gleich hinzu: hinabgestiegen ins Totenreich und auferstanden; und damit bekommt das „Gestorbene" einen ganz anderen als jenen weltflüchtigen Sinn, den wir dem Tod beizulegen versucht sind. Jesus hat selbst gesagt, dass Er hinuntersteigen werde ins Herz der Erde (Mt 12,40), dorthin, eben in das Herz aller irdischen Dinge, wo alles verknüpft und eins ist und wo inmitten dieser Einheit der Tod und die Vergeblichkeit sitzt. Dorthin ist Er im Tod hinabgedrungen; Er ließ – heilige List des ewigen Lebens – sich besiegen vom Tod, damit dieser Ihn ins Innerste der Welt hineinverschlinge, damit Er, abgestiegen zu den Müttern und der wurzelhaften Einheit der Welt, ihr sein göttliches Leben für immer einstifte. Weil Er gestorben ist, gehört Er erst recht dieser Erde ... Er hat schon begonnen, sich dieser Welt anzuverwandeln. Er hat die Welt für ewig angenommen."[183]

Im Herzen der Welt sind Gott und das Leben. Von ihrer innersten Mitte greift sein Erbarmen um sich. Es erfasst alles, was lebt: Atheisten, Glaubende aller Religionen, Christinnen und Christen. Es erweist sich, was der Titel dieses meditativen Buches zum Ausdruck bringt: Gott ist größer als unser Herz. Er ist randvoll von Gnade, Langmut und Erbarmen.

Wo Menschen von dieser Woge des aus dem Innersten Gottes und damit aus dem Innersten der Welt strömenden Erbarmens erfasst werden, bekommen sie ein neues Herz füreinander. Das läutet das Ende der herzlosen Welt ein. Sie verliert ihre widergöttlichen Züge: ihre Erbarmungslosigkeit.

Anhang

I. ALLGEMEINES SCHULDBEKENNTNIS
Zu allen Zeiten weißt du in ihrem Schoß um Glieder, die durch ihre Heiligkeit strahlen, aber auch um andere, die dir ungehorsam sind und dem Glaubensbekenntnis und dem heiligen Evangelium widersprechen.

II. BEKENNTNIS DER SCHULD IM DIENST DER WAHRHEIT
Lass jeden von uns zur Einsicht gelangen, dass auch Menschen der Kirche im Namen des Glaubens und der Moral in ihrem notwendigen Einsatz zum Schutz der Wahrheit mitunter auf Methoden zurückgegriffen haben, die dem Evangelium nicht entsprechen ... In manchen Zeiten der Geschichte haben die Christen bisweilen Methoden der Intoleranz zugelassen. Indem sie dem großen Gebot der Liebe nicht folgten, haben sie das Antlitz der Kirche, deiner Braut, entstellt.

III. BEKENNTNIS DER SÜNDEN GEGEN DIE EINHEIT DES LEIBES CHRISTI
Doch sie haben seinem Willen nicht entsprochen. Gegensätze und Spaltungen haben sie geschaffen. Sie haben einander verurteilt und bekämpft.

IV. SCHULDBEKENNTNIS IM VERHÄLTNIS ZU ISRAEL
Lass die Christen der Leiden gedenken, die dem Volk Israel in der Geschichte auferlegt wurden. Lass sie ihre Sünden anerkennen, die nicht wenige von ihnen gegen das Volk des Bundes und der Seligpreisungen begangen haben, und so ihr Herz rei-

nigen ... Wir sind zutiefst betrübt über das Verhalten aller, die im Laufe der Geschichte deine Söhne und Töchter leiden ließen.

V. SCHULDBEKENNTNIS FÜR DIE VERFEHLUNGEN GEGEN DIE LIEBE, DEN FRIEDEN, DIE RECHTE DER VÖLKER, DIE ACHTUNG DER KULTUREN UND DER RELIGIONEN
Manchmal haben sie sich leiten lassen von Stolz und Hass, vom Willen, andere zu beherrschen, von der Feindschaft gegenüber den Anhängern anderer Religionen und den gesellschaftlichen Gruppen, die schwächer waren als sie, wie etwa den Einwanderern und Zigeunern.

VI. BEKENNTNIS DER SÜNDEN GEGEN DIE WÜRDE DER FRAU UND DIE EINHEIT DES MENSCHENGESCHLECHTES
Doch oft haben die Christen das Evangelium verleugnet und der Logik der Gewalt nachgegeben. Die Rechte von Stämmen und Völkern haben sie verletzt, deren Kulturen und religiöse Traditionen verachtet. Doch mitunter wurde die gleiche Würde deiner Kinder nicht anerkannt. Auch die Christen haben sich schuldig gemacht, indem sie Menschen ausgrenzten und ihnen Zugänge verwehrten. Sie haben Diskriminierungen zugelassen aufgrund von unterschiedlicher Rasse und Hautfarbe.

VII. BEKENNTNIS DER SÜNDEN AUF DEM GEBIET DER GRUNDRECHTE DER PERSON
Lasst uns beten für alle Menschen auf der Erde, besonders für die Minderjährigen, die missbraucht wurden, für die Armen, Ausgegrenzten und Letzten.

Lasst uns für diejenigen beten, die am wenigsten Schutz genießen, für die ungeborenen Kinder, die man im Mutterleib tötet, oder jene, die gar zu Forschungszwecken von denen benützt werden, die Missbrauch getrieben haben mit den von der Biotechnologie gebotenen Möglichkeiten. So haben sie die Ziele der Wissenschaft entstellt ...

Wie oft haben dich auch die Christen nicht wiedererkannt in den Hungernden, Dürstenden und Nackten, in den Verfolgten und Gefangenen, in den gerade am Anfang ihrer Existenz schutzlos Ausgelieferten. Für all jene, die Unrecht getan haben, indem sie auf Reichtum und Macht setzten und mit Verachtung die „Kleinen" straften, die dir so am Herzen liegen, bitten wir um Vergebung.[184]

Textnachweis

Bibeltexte: Einheitsübersetzung der Heiligen Schrift, © 1980 Katholische Bibelanstalt, Stuttgart

S. 16: Max Frisch, Das Erbarmen ..., aus: Max Frisch, Tagebuch 1946–1949. © Suhrkamp Verlag Frankfurt am Main 1950. Alle Rechte bei und vorbehalten durch Suhrkamp Verlag Berlin.

S. 19f: Hilde Domin, Abel steh auf, aus: Hilde Domin, Gesammelte Gedichte. © S.Fischer Verlag GmbH, Frankfurt am Main 1987.

S. 25: Marie Luise Kaschnitz, Das verlassene Mädchen, aus: Marie Luise Kaschnitz, Gesammelte Werke in sieben Bänden, Band 5: Die Gedichte. © Insel Verlag, Frankfurt am Main 1985. Alle Rechte bei und vorbehalten durch Suhrkamp Verlag Berlin.

S. 40f: Textauszug aus Psalm 103: Von David. Segne, meine Seele, JHWH... aus: Erich Zenger, Psalmen: Auslegungen 1–4, Band 2: Ich will die Morgenröte wecken © Verlag Herder GmbH, Freiburg i. Br., aktualisierte Neuausgabe 2003. Abdruck mit freundlicher Genehmigung des Verlags.

S. 95: Hermann Hesse, Anmutig, geistig, arabeskenzart ..., aus: Hermann Hesse, Sämtliche Werke in 20 Bänden. Herausgegeben von Volker Michels. Band 10: Die Gedichte. © Suhrkamp Verlag Frankfurt am Main 2002. Alle Rechte bei und vorbehalten durch Suhrkamp Verlag Berlin.

Anmerkungen

1 Misericordiae vultus („Antlitz der Barmherzigkeit") ist die Verkündigungsbulle zum außerordentlichen Jubiläum der Barmherzigkeit. Die nach ihren Eingangsworten benannte Bulle wurde am 11. April 2015 promulgiert.

2 Kasper, Walter: Das Evangelium von der Familie. Die Rede vor dem Konsistorium, Freiburg 2014.

3 Kasper, Walter: Barmherzigkeit. Grundbegriff des Evangeliums – Schlüssel christlichen Lebens, Freiburg 2012.

4 Zulehner, Paul M.: Auslaufmodell. Wohin steuert Franziskus die Kirche?, Ostfildern 2015.

5 Zulehner, Paul M.: Mitgift. Autobiografisches anderer Art, Ostfildern 2014, 184–193.

6 Nietzsche, Friedrich Wilhelm: Also sprach Zarathustra. Der hässlichste Mensch (Teil 4), 1883-1885.

7 „Diese ewige Anklage des Christentums will ich an alle Wände schreiben, wo es nur Wände gibt – ich habe Buchstaben, um auch Blinde sehend zu machen ... Ich heiße das Christentum den einen großen Fluch, die eine große innerlichste Verdorbenheit, den einen großen Instinkt der Rache, dem kein Mittel giftig, heimlich, unterirdisch, klein genug ist – ich heiße es den einen unsterblichen Schandfleck der Menschheit ..." Nietzsche, Friedrich Wilhelm: Der Antichrist. Fluch auf das Christentum, 1895.

8 Aber nicht nur ihn. Es gibt auch in der katholischen Theologie eine ähnliche Position: „Überlegenswert ist hier auch Nietzsches Bemerkung im vierten Teil von ‚Also sprach Zarathustra'. Der letzte Papst ist außer Dienst, weil Gott gestorben ist. Gestorben ist er aber weich und mürbe und mitleidig, einem Großvater ähnlicher als einem Vater in seinem allzu großen Mitleid, so Nietzsche. Er konnte nicht mehr Richter sein, denn der Liebende lebt jenseits von Lohn und Vergeltung. Auch wenn hinter diesen Worten Nietzsches furchtbare Lehren vom Übermenschen und vom Hass auf das Mitleid mit dem Schwachen zum Vorschein kommen, ist doch zu fragen, ob nicht ein Gott, der immer nur lieben und vergeben darf, noch attraktiv genug erscheint, um als Ziel menschlichen Lebens erstrebenswert zu sein. Manchmal verliert ein solcher Gott jede männliche Persönlichkeitsstruktur." Anton Ziegenaus, Augsburg, auf der Linzer Sommerakademie September 1992, Tonbandabschrift.

9 Der mit vier Oskars gekrönte Meisterfilm von Clint Eastwood trägt den Titel „Erbarmungslos". Dieser Film aus der Männerwelt der Wildwestfilme ist geradezu ein Loblied auf die Erbarmungslosigkeit. Gene Hackman spielt einen unbarmherzigen Sheriff. In einer kleinen Stadt kehren zwei

Männer in einem Bordell ein und richten eine der Huren ziemlich übel zu. Nachdem der Sheriff die beiden mit einer sehr geringen Strafe davonkommen lässt, beschließen die Huren, ihr gespartes Vermögen als Kopfgeld auf die beiden auszusetzen. Kurze Zeit später macht sich ein junger Revolverheld auf den Weg, um sich das Geld zu verdienen. Unterwegs sammelt er den mittlerweile gealterten Clint Eastwood ein, und die Geschichte nimmt ihren Lauf. „Erbarmungslos“ wandelt sich dann freilich unter der Hand in „urgerecht“. *Den Bösen wird nie und nimmer vergeben.* Sie finden kein Erbarmen. Der englische Titel wird diesem Anliegen des Films eher gerecht. „Unforgiven“ heißt er lapidar. Die Bösen ziehen immer den Kürzeren. Vergeben wird ihnen nie. „Erbarmungslos“ hat noch eine andere Bedeutung. Ein Pfarrer aus der ehemaligen DDR erzählte mir, dass er zu einem seltenen Jubiläum in die Sperrzone einreisen wollte. Das bedurfte einer Sondergenehmigung. Nun hatte dieser Pfarrer bei der Partei einen Vermerk. Die Behörden verwehrten ihm deshalb die Einreise zum Fest. Der Pfarrer wurde daraufhin bei der Behörde vorstellig, um vielleicht doch noch eine Erlaubnis zu erhalten. Daraufhin sagte der Beamte: „Die Partei vergibt nie.“ Hier kündigt sich eine andere Erbarmungslosigkeit an. Sie ist nicht mehr Ausdruck von Gerechtigkeit, sondern von *machtgeiler Willkür*. Sie ist nicht mehr gegen das Böse gerichtet, sondern selbst bösartig.

10 Das etymologische Verhältnis zu Frauen-/Mutterleib/-schoß *rechem* ist unsicher bis ungeklärt und wird von manchen dezidiert abgelehnt. Der Psalm 103,13 verwendet diese Redeweise männlich vom Vater.

11 Diese „Gnadenformel“ durchzieht das Alte Testament wie ein roter Faden: Ex 34,6; Ps 86,15; Ps 103,8; Joël 2,13; Jona 4,2; Neh 9,17; Ps 145,8; Neh 9,31; 2 Chr 30,9; Ps 111,4; Ps 112,4; Dtn 4,31; Num 14,18; Nah 1,3; Ps 86,5; Sir 2,11; Weish 15,1. – Dazu: Vanoni, Gottfried: „Du bist doch unser Vater“ (Jes 63,13): zur Gottesvorstellung des Ersten Testaments, Stuttgart 1995.

12 Schlosser, Marianne: Das Leiden des anderen im eigenen Herzen. Zur christlichen Barmherzigkeit. Vortrag zum 100jährigen Jubiläum der Barmherzigen Schwestern vom Heiligen Kreuz, Provinz vom Heiligsten Herzen Jesu, Hall i. Tirol, 11. Juni 2004, in: Ordensnachrichten 44 (2005), 50-66, hier 50.

13 Kluge, Friedrich: Etymologisches Wörterbuch der deutschen Sprache, Berlin (^{1}1883) ^{23}1999: „Erbarmen“ 227, „barmherzig“ 82.

14 Puschkins fundamentales Vermächtnis beispielsweise war es gewesen, die Mitmenschen immer wieder an Güte und Mitleid zu erinnern. Ja das gesamte Werk russischer Schriftsteller wie Dostojewski, Turgenjew, Tolstoi, Tschechow, Gogol und Gorki ist vom „Mitleid für die Gestürzten“ durchdrungen. „Dieser Humanismus war Kennzeichen und Stärke der

russischen Literatur. ... (Sie) trug viel dazu bei, in den Seelen der Menschen Aufmerksamkeit und Mitgefühl gegenüber den vom Schicksal Verletzten, den Armen und Einsamen zu wecken." Dieses tradierte Ethos will Daniil Granin nach der großen Wende wieder in die Köpfe und Herzen seiner Mitmenschen zurückholen. – Granin, Daniil: Die verlorene Barmherzigkeit – eine russische Erfahrung, Freiburg 1993, 18f.

15 Johannes Paul II.: Schuldbekenntnis und Vergebungsbitte am Tag der Vergebung, Sonntag, 12. März 2000. Dieses Bekenntnis ist im Anhang auszugsweise dokumentiert.

16 Aus der Predigt von Papst Benedikt XVI. bei der Vigilfeier des Weltjugendtages am 20. August 2005 in Köln.

17 Lumen gentium 16.

18 Erster Zwischengesang der Pfingstliturgie der katholischen Kirche „am Tag" nach Psalm 104.

19 Habermas, Jürgen: Neue Unübersichtlichkeit, Frankfurt 1985.

20 Willi, Jürg: Koevolution. Die Kunst gemeinsamen Wachsens, Reinbek 1985, ^{4}1994.

21 Beck, Ulrich/Beck-Gernsheim, Elisabeth (Hg.): Risikogesellschaft. Auf dem Weg in eine andere Moderne, Frankfurt 1986. – Beck, Ulrich: Riskante Freiheiten. Individualisierung in modernen Gesellschaften, Frankfurt 1994.

22 Dazu auch: Schirrmacher, Frank: Minimum, München 2006.

23 Johannes Paul II.: Dives in misericordia, Rom 1980, 11.

24 Zulehner, Paul M./Denz, Hermann/Talós, Emmerich/Pelinka, Anton: Solidarität. Option für die Modernisierungsverlierer, Innsbruck ^{2}1997. – Zulehner, Paul M. unter Mitarbeit von Anton Pelinka, Hermann Denz, Reinhard Zuba: Wege zu einer solidarischen Politik, Innsbruck 1999.

25 „Selbst in reichen Gesellschaften kann morgen jeder von uns überflüssig werden. Wohin mit ihm?", Enzensberger, Hans Magnus: Die Große Wanderung: 33 Markierungen; mit einer Fußnote „Über einige Besonderheiten bei der Menschenjagd", Frankfurt ^{4}1992.

26 Johannes Paul II.: Dives in misericordia, Rom 1980, 12.

27 „Bei dieser Tour durch Belgien, Aufenthalt in Aachen und Fahrt den Rhein hinab habe ich mich überzeugt, dass energisch, speziell in katholischen Gegenden, gegen die Pfaffen losgegangen werden muss ... Die Hunde kokettieren, wo es passend erscheint, mit der Arbeiterfrage." Marx-Engels: Briefwechsel, Berlin 1950, IV, 272.

28 Gronemeyer, Marianne: Leben als letzte Gelegenheit. Zeitknappheit und Sicherheitsbedürfnisse, Darmstadt 1993.

29 Fassel, Diane: Wir arbeiten uns noch zu Tode: die vielen Gesichter der Arbeitssucht, München 1991 (Working ourselves to death).

30 Postman, Neil: Wir amüsieren uns zu Tode. Urteilsbildung im Zeitalter der Unterhaltungsindustrie, Frankfurt ^{5}1985.

31 Willi, Jürg: Koevolution. Die Kunst gemeinsamen Wachsens, Reinbek 1985, ^{4}1994.

32 Kremer, Jakob: Lukasevangelium, Würzburg 1988, 160.

33 Harmensz van Rijn: Die Rückkehr des verlorenen Sohns, 1669.

34 Henri Nouwen hat ihm eine unüberbietbare, das Herz moderner Zeitgenossen bewegende Auslegung gewidmet: Nouwen, Henri: Nimm sein Bild in dein Herz, Freiburg 1991. – Dazu auch: Vanoni, Gottfried: Ein Vater hat zwei Söhne ... Jesus erzählt eine Geschichte, Mödling 1986.

35 Über Gottes Erbarmen dachten nach: Augustinus (354–430) in De Civitate Dei, der Theologe Anselm von Canterbury (1033–1109) in der Schrift Proslogion und der mittelalterliche Theologe und Philosoph Thomas von Aquin (1225–1274) in seiner Summa theologica.

36 Ab dem Ende des 12. Jahrhunderts erscheinen die Werke der Barmherzigkeit vor allem in Weltgerichtsdarstellungen: so an der Galluspforte am Münster zu Basel (entstanden um 1170), am Westportal des Baptisteriums in Parma, in sechs Medaillons in der Nordrose des Freiburger Münsters und nicht zuletzt im Brixner Kreuzgang. Sie finden sich auch im Hungertuch von Misereor über Klaus von der Flüe.

37 Hinsichtlich der theologischen Details stütze ich mich im Folgenden auf die Arbeit von Zehetbauer, Markus: Die Polarität von Gerechtigkeit und Barmherzigkeit. Ihre Wurzeln im Alten Testament, im Frühjudentum sowie in der Botschaft Jesu. Konsequenzen für die Ethik, Regensburg 1999.

38 Zulehner, Paul M.: Auferweckung schon jetzt, Freising 1984.

39 „In diesem Tale der Tränen“, so heißt es nicht unverständlich in einem alten Mariengebet. Und zeige uns nach „diesem Elende“ Jesus, die gepriesene Frucht deines Leibes.

40 „Dieser Sohn, der vom Vater das ihm zustehende Erbteil erhält und von zuhause weggeht, um es in einem fernen Land mit seinem ‚zügellosen Leben‘ zu verschleudern, ist in gewisser Hinsicht der Mensch aller Zeiten, angefangen von dem, der als Erster das Erbteil der Gnade und der Gerechtigkeit des Urstandes verlor.“ Johannes Paul II.: Dives in misericordia, Rom 1980, 5.

41 A.a.O.

42 Kruck, Günter/Sticher, Claudia (Hg.): „Deine Bilder stehn vor dir wie Namen.“ Zur Rede von Zorn und Erbarmen Gottes in der Heiligen Schrift, Mainz 2005.

43 Boff, Leonardo: Schrei der Erde, Schrei der Armen, Düsseldorf 2002.

44 KKK 1867. Petrus Canisius hat diese Sünden in einen Zweizeiler gepresst: *Clamitat ad Dominum vox sanguinis et Sodomorum, vox oppressorum merces detenta laborum.* Canisius, Petrus: Katechismus, 1560.

45 In knappen Thesen erläuterte Walter Dietz auf einer Fachtagung 2004 die Rede von Zorn und Erbarmen in der Heiligen Schrift. Er versuchte verständlich zu machen, wie in Gott sowohl Gerechtigkeit wie Liebe (Erbarmen) sein können, und führte aus: „Zorn ist in diesem Sinn stets Antwort, nachgängige Heimsuchung, Konsequenz von Abirrung (vgl. Röm 1,18ff). Liebe ist hingegen Gottes erstes und letztes Wort, sein Vorwort zur Existenz des Menschen und der Welt überhaupt. Von daher besteht zwischen Gottes Liebe und seinem Zorn ein ewig ungleiches Verhältnis, eine tiefe Asymmetrie, deren Unausgleichbarkeit im noch andauernden Widerstand des Bösen und der Sünde liegt. Ohne Sünde kein Zorn. D. h. Zorn ist kein irrationaler Willkürakt eines unberechenbaren Gottes, sondern die Selbstentfaltung seiner Macht, Heiligkeit und Gerechtigkeit im Gegenüber zu der Kreatur, die sich ihm verdankt, jedoch verschließt." (These 8c); www.evtheol.uni-mainz.de.

46 Dietz, These 9.

47 Johannes Paul II.: Dives in misericordia, Rom 1980, 12.

48 Babylonischer Talmud, Traktat Avoda zara (Vom Götzendienst) 3b; zitiert nach Goldschmidt, Lazarus: Der Babylonische Talmud, VII Berlin 1925, 801.

49 Darauf weist die Summe von 10000 Talenten hin. – Ein Talent (griechische Rechnungseinheit) entsprach sechstausend Drachmen. Ein Denar war damals einer Drachme gleichwertig und war der Tageslohn eines Arbeiters. Die Schuld umfasste also eine ungeheure Summe, die kaum aufzubringen war. Die Jahreseinkünfte Herodes' des Großen betrugen 900 Talente, das Steueraufkommen von ganz Galiläa und Peräa im Jahr 4 n. Chr. 200 Talente. Unter dem ‚Diener' kann man sich etwa den Finanzminister eines orientalischen Königs vorstellen, dessen Beamte als Sklaven oder Diener des Herrschers angesehen wurden. Die Folter diente dazu, Auskünfte über beiseitegeschafftes Geld zu erlangen. (Kommentar aus der Einheitsübersetzung)

50 σπαγχνιϑεις δε ο κυριος (Mt 18,27) – Diese Formel wird im Neuen Testament wiederholt auch zur Charakterisierung von Gefühlen Jesu verwendet: Er wurde innerlich bewegt, als er aber die Volksmengen sah, weil sie erschöpft und verschmachtet waren wie Schafe, die keinen Hirten haben (Mt 9,36; auch Mk 6,34), oder als er die Mutter des Jünglings von Naïm sah, die er zu trösten suchte, indem er zu ihr sprach: Weine nicht! (Lk 7,13).

51 Scoralick, Ruth (Hg.): Das Drama der Barmherzigkeit Gottes. Studien zur biblischen Gottesrede und ihrer Wirkungsgeschichte in Judentum und Christentum, Stuttgart 2000, 191f.

52 Johannes Paul II.: Predigt zur Seligsprechung von Maria Faustyna Kowalska, Rom 30. April 2000, 6.

53 Johannes Paul II.: Dives in misericordia, Rom 1980, 6.

54 Schmidbauer, Wolfgang: Die hilflosen Helfer. Über die seelische Problematik der helfenden Berufe, Reinbek [13]2004.

55 Illich, Ivan: Entmündigung durch Experten. Zur Kritik der Dienstleistungsberufe, Reinbek 1979.

56 Zulehner, Paul M. (Hg.): Damit der Rand in die Mitte rückt. Das Jugendhaus der Caritas in Wien, Wien 1990.

57 Wenn sie nicht nach christlichem Verständnis – wie die drei Haupttugenden Glaube, Hoffnung und Liebe – von Gott her „eingegossen" werden. Rahner, Karl/Welte, Bernhard: Mut zur Tugend. Über die Fähigkeit, menschlicher zu leben, Freiburg 1986. – Das Besondere von Glaube, Hoffnung, Liebe ist freilich, dass sie *ekklesial* sind, also Tugenden der Kirche und im kirchlichen Leben und erst in ihr dann auch des Einzelnen. Die Aufforderung des Alten Testaments, zu lieben, richtet sich auch nicht an Einzelne, sondern an Israel: *Höre, Israel (!), du sollst deinen Gott lieben ... (Dtn 6,4f)*, wie nach der Bibel auch Gott vor dem Einzelnen zunächst sein Volk liebt.

58 Dazu vor allem die Studie von Dybowski, Stefan: Barmherzigkeit im Neuen Testament – Ein Grundmotiv caritativen Handelns. Hochschulsammlung Theologie, Exegese Band 2, Freiburg 1992.

59 Die Bettler, die heute in Israel an einen herantreten, sagen: „zedaqah" – „Barmherzigkeit". Wo bei uns über den kirchlichen Opferstöcken „Caritas" steht, steht über den gleichen Opferstöcken in den modernen Synagogen „zedaqah".

60 Unsere Hoffnung. Beschluss der Gemeinsamen Synode der Bistümer in der Bundesrepublik Deutschland, Freiburg 1976, 92.

61 Horx, Matthias: Die acht Sphären der Zukunft, Wien 1999, 135. – Mehr dazu: Martin, Ariane: Sehnsucht – der Anfang von allem. Dimensionen zeitgenössischer Spiritualität, Ostfildern 2005, 60.

62 Küstenmacher, Tiki/Seiwert, Lothar J.: Simplify your life. Einfacher und glücklicher leben, Frankfurt [10]2001.

63 Kowalska, Faustina: Tagebuch, Osnabrück 1987, 329.

64 Metz erwägt diesen Begriff im Rahmen der Frage, welche angesichts des Pluralismus in den Religionswelten die Rolle des Christentums ist. Hier schlägt er „compassion" als Schlüsselwort für das Weltprogramm des Christentums vor. Die christliche Gottesrede müsse heute ein „universa-

les Leidensgedächtnis" sein. – Darin unterscheidet sich Metz vom „Weltethos"-Programm von Hans Küng. Nur durch die Autorität der Leidenden könne gelernt werden, was weltweit ein Gerechtigkeit und daher Frieden stiftendes Ethos ist. Küng, Hans: Projekt Weltethos, München 1990. – Ders.: Wozu Weltethos? Religion und Ethik in Zeiten der Globalisierung. Im Gespräch mit Jürgen Hören, Freiburg 2002. – Ders. (Hg.): Dokumentation zum Weltethos. Der Weg zur Weltethoserklärung. Mit einem Vorwort von Hans Küng, München 2002.

65 Andere übersetzen es mit „Mitgefühl". Boff, Leonardo: Prinzip Mitgefühl, Freiburg 1999.

66 Zulehner, Paul M.: Denn du kommst unserem Tun mit deiner Gnade zuvor. Zur Theologie der Seelsorge heute. Paul M. Zulehner im Gespräch mit Karl Rahner, Ostfildern [2]2002, 13.63.

67 Das siebte Werk der Barmherzigkeit, Tote bestatten, findet erst nach dem 1165 entstandenen Werk des Johann Beleth, *Rationale divinorum*, Erwähnung. Er stützt sich auf das Alte Testament, und zwar Tob 1,17–19. – Ein guter Überblick über die historische Entwicklung findet sich bei Noye, Irénée: Miséricorde DSp X/2, 1328–1349. Vgl. auch Schlosser, Marianne: Docere est actus misericordiae. Theologiegeschichtliche Anmerkungen zum Ethos des Lehrens, MThZ 50 (1999), 54–74.

68 In der Zahlenmystik hat die Zahl 7 einen hohen Stellenwert. Als Summe von 3 + 4 Zahl der Fülle und Vollendung; die Zahl der Vereinigung des Geistigen und der Materie und die Zahl der Heilung; die Zahl der früher bekannten Planeten in unserem Sonnensystem plus Sonne und Mond, die Zahl der Schöpfungstage, die Zahl der Körperöffnungen, die Zahl der Tugenden. 7 Augen sind Symbol für Gott und besonders für seine Allgegenwart und Allwissenheit (Sach 3,9). 7 ist die Zahl der Todsünden, der Gaben des Heiligen Geistes und der Werke der Barmherzigkeit; 7 wird in der katholischen Kirche zur Zahl der Sakramente. Der Buddhismus kennt 7 Himmel, auch im Islam kehrt die Zahl 7 als heilige Zahl wieder. Es gab 7 Weltwunder. Auch in Märchen kommt die Siebenzahl häufig vor.

69 *Instrue* bündelt dabei das *docere* wie das *consulere*. Schlosser, Das Leiden des anderen im eigenen Herzen, 55.

70 Pseudo-Chrysostomus: *Opus imperfectum in Matth.*, 54 (PG 56, 946).

71 Vom 12. Jh. bis zum Barock wurden die so genannten leiblichen Werke der Barmherzigkeit in der Bildenden Kunst häufig als Zyklus dargestellt, besonders in Verbindung mit dem Jüngsten Gericht. Sie zählen zu den guten Taten, die nach alter katholischer Lehre bei einem Toten die während des Lebens begangenen Sünden überwiegen müssen, damit seine Aufnahme in das Paradies erfolgen kann. Frühe Darstellungen weisen im Allgemeinen Reliefform auf, erst im 15. Jh. findet das Motiv verstärkt Eingang

in die Malerei. – Künstle, Karl: Ikonographie der christlichen Kunst, Freiburg 1928, I 19ff. – Hommel, Gisela: Die Werke der Barmherzigkeit. Wer ist heute unser Bruder?, Freiburg 1981 – Päpstlicher Rat zur Förderung der Neuevangelisierung (Hg.), Geistige und leibliche Werke der Barmherzigkeit, Ostfildern 2015.

72 Venetz, Hermann-Josef: Der Evangelist des Alltags. Streifzüge durch das Lukasevangelium, Freiburg 2000, 74ff.

73 http://de.wfp.org/hunger/hunger-statistik

74 http://www.welt.de/politik/ausland/article146885469/Die-17-UN-Ziele-fuer-eine-bessere-Welt-kurz-erklaert.html

75 Internationaler Pakt für wirtschaftliche, soziale und kulturelle Rechte (Sozialpakt) von 1976.

76 Dazu: Spies, Oliver: Spendenaktion: Dürsten nach Gerechtigkeit. „Brot für die Welt" stellt Trinkwasser in den Mittelpunkt der neuen Spendenaktion, Stuttgart 1994.

77 Milleniumsgipfel 2000: „Bis 2015 den Anteil der Menschen um die Hälfte senken, die keinen nachhaltigen Zugang zu einwandfreiem Trinkwasser und zu grundlegenden sanitären Einrichtungen haben."

78 Milleniumsgipfel 2000: „Bis 2020 eine erhebliche Verbesserung der Lebensbedingungen von mindestens 100 Millionen Slumbewohnern erreichen."

79 King, Alexander/Schneider, Bertrand: Die erste globale Revolution. Bericht zur Lage der Welt; zwanzig Jahre nach „Die Grenzen des Wachstums", hg. v. Club of Rome, München 1993.

80 Lehmann, Hartmut (Hg.): Migration und Religion im Zeitalter der Globalisierung, Göttingen 2005. – Pohl, Walter: Die Völkerwanderung: Eroberung und Integration, Stuttgart ^{2}2005. – Birsl, Ursula u. a.: Migration und Migrationspolitik im Prozess der europäischen Integration?, Opladen 2005.

81 Opitz, Peter J. (Hg.): Der globale Marsch. Flucht und Migration als Weltproblem, München 1997.

82 Faust, Volker: Obdachlosigkeit und seelische Störung, http://www.psychosoziale-gesundheit.net/psychiatrie/obdachlosigkeit.html.

83 Rosenke, Werena: Weibliche Wohnungsnot. Ausmaß – Ursachen – Hilfsangebote. Wohnungslos 3 (1996), 77. – Geiger, Manfred/Steinert, Erika: Alleinstehende Frauen ohne Wohnung: soziale Hintergründe, Lebensmilieus, Bewältigungsstrategien, Hilfeangebote, Stuttgart 1991.

84 Permien, Hanna/Zink, Gabriela: Endstation Straße? Straßenkarriere aus der Sicht von Jugendlichen. Verlag Deutsches Jugendinstitut, München 1998.

85 Pallium ist das Mäntelchen. Von da aus leitet sich das Fachwort von der palliativen Medizin ab. Sie *ummantelt*, bemäntelt gleichsam den Schmerz des Leidenden.

86 Benedikt XVI.: Deus caritas est, Rom 2006, 31a.

87 Dem Alten Testament ging es um Gewaltdeeskalation. Praktisch sollte jener Schaden ersetzt werden, der durch den Verlust eines Auges oder Zahnes verursacht wurde.

88 Der Katechismus der katholischen Kirche kennt diese unterschiedlichen Straftheorien und verbindet sie: „Die Strafe soll in erster Linie die durch das Vergehen herbeigeführte Unordnung wiedergutmachen. Wird sie vom Schuldigen willig angenommen, gilt sie als Sühne. Zudem hat die Strafe die Wirkung, die öffentliche Ordnung und die Sicherheit der Personen zu schützen. Schließlich hat die Strafe auch eine heilende Wirkung: Sie soll möglichst dazu beitragen, dass sich der Schuldige bessert (vgl. Lk 23,40–43).", KKK 2266.

89 Ein amerikanischer Amtsrichter (Cicconetti in Ohio) versucht es neuerdings mit „shame sanctions", also peinlichen Strafen. Er stellt gleichsam Straftäter an den Pranger, um ihre Veränderung auch sozial zu unterstützen. „Gefängnisstrafen haben oft zerstörerische Wirkung auf das Leben junger Menschen und kosten den Steuerzahler überdies eine Menge Geld", verteidigt Cicconetti den durchaus umstrittenen Ansatz. „Kreative Strafen dagegen regen zum Nachdenken an." Die meisten Angeklagten, die sich wegen Ladendiebstahls, Vandalismus, Verkehrsverstößen und anderer minder schwerer Delikte im Amtsgericht von Painesville verantworten müssen, verurteilt der Richter zu ganz gewöhnlichen Geldstrafen, zu kurzen Freiheitsstrafen oder zu gemeinnütziger Arbeit wie Müllsammeln. – Grundsätzlich sind es junge Ersttäter, ohne Alkohol- oder Rauschgiftprobleme, die Cicconetti mit ungewöhnlichen Sanktionen von weiteren Verbrechen abzuschrecken versucht. Außer im Fall des Ruhestörers sei er damit nur in einem weiteren Fall gescheitert, sagt der Amtsrichter, der die internationale Aufmerksamkeit, die seine ungewöhnlichen Sanktionen erregt haben, gern nutzt, um für ‚vernünftige' Strafen zu werben." FAZ vom 30. Dezember 2005.

90 Das Protokoll Nr. 13 zur Europäischen Menschenrechtskonvention, das am 1. Juli 2003 in Kraft trat, ist der erste internationale Vertrag, der die Todesstrafe unter allen Umständen, also auch für Verbrechen in Kriegszeiten oder bei unmittelbarer Kriegsgefahr, bannt.

91 KKK 2266.

92 KKK 2267.

93 Amnesty international (Deutschland): Todesstrafe – Argumente pro und kontra, in: http://www2.amnesty.de/internet

94 Ein Todesurteil hängt oft nicht primär von der Schwere einer Tat ab, sondern von Faktoren wie dem Ermittlungsaufwand, von Fehlern, Missverständnissen und Zufälligkeiten wie beispielsweise der Hautfarbe des Täters oder Opfers. Es kann auch nicht überraschen, dass die Todesstrafe unverhältnismäßig oft gegen Arme und Angehörige unterprivilegierter Bevölkerungsgruppen verhängt wird, die sich keine qualifizierten Rechtsanwälte leisten können.

95 So wird oft gesagt: „Ein toter Mörder kann nicht noch einmal morden."

96 „Sozialverträgliches Frühableben" (Vilmar Karsten) wurde als Unwort des Jahres 1998 dafür geprägt.

97 Urbanowicz, Leszek: Gemeinde hinter Gittern, Dissertation, Wien 2005.

98 Hauke dazu: „Zwischen den Kirchen auf dem Erfurter Domberg ist ein alter Friedhof. Zu ihm führt das Jungfrauenportal. Es zeigt die klugen und törichten Jungfrauen, die Jesus Christus in einem Gleichnis als Beispiel für Wachsamkeit und Nicht-Wachsamkeit beim Gericht Gottes über die Menschen beschreibt. Der Erzengel Michael steht in der Mitte und besiegt den Teufel, der den Menschen ins Verderben stürzen will. Darüber sehen wir Jesus Christus, Maria und Johannes den Täufer, die sich um die Rettung des Menschen bemühen." Zitiert nach http://members.aol.com/erhabenerv/Ideen_Pfarrer_Hauke.html

99 Hauke dazu: „Der Name eines Menschen ist Synonym für ihn selbst, für seine Identität. Ich kann ihn in einen Grabstein einmeißeln lassen. Ich kann ihn auch in ein Buch schreiben. Beim Lesen des Namens wird der Mensch in den Gedanken lebendig." A. a. O.

100 Der Text des Bardo Thödol war den traditionellen Tibetern durch mündliche Überlieferungen bekannt, wird aber vor allem dem Verstorbenen als Wegweiser für Erlösung oder Wiedergeburt auf höherer Ebene ins Ohr geflüstert. Der erste Teil des Textes beschreibt die Auflösung im Augenblick des Todes. Um eine Wiedergeburt zu vermeiden, muss man das Urlicht der Wirklichkeit erkennen und seiner Intensität standhalten. Im zweiten Bardo der Wirklichkeitserfahrung wird der Tote mit einer Reihe von Gottheiten konfrontiert. Zugleich mit der Vision dieser Mächte nimmt der Tote ein dumpfes Licht in verschiedenen Farben wahr, entsprechend den Bereichen, in die er hineingeboren werden kann (vom Reich der Götter bis zur Hölle). Die Anziehung dieser Lichter verhindert die spirituelle Befreiung und leitet die Wiedergeburt ein. Versäumen die Toten die Möglichkeiten der Befreiung in den ersten beiden Bardos, dann gehen sie in den dritten Bardo ein, der die Wiedergeburt begehrt. Das Karma bestimmt, ob in diesem Bardo Glück oder Elend erfahren wird. Im Karma-Spiegel prüft Dharma-Raja, der König und Richter der Toten, die Taten des Verstorbenen. In diesem Bardo muss der Tote erkennen,

dass alle Ereignisse Projektionen seines Bewusstseins und daher wesenlos sind. Gelingt dies nicht, folgt eine Reinkarnation. – Gruber, Elmar: Tibetisches Totenbuch: http://www.parasearch.de/mysteria/x/x1800.htm.

101 Spiegel, Yorick: Der Prozess des Trauerns. Analyse und Beratung, München 1973. – Zulehner, Paul M.: Heirat – Geburt – Tod. Eine Pastoral der Lebensübergänge, Wien 1974, [5]1987.

102 So stehen auf dem Wiener Zentralfriedhof im Auftrag der Erzdiözese Wien auch Frauen Beerdigungsfeiern vor.

103 Der innovations-report, das Forum für Wissenschaft, Industrie und Wirtschaft: http://www.innovations-report.de. (Stand Januar 2006).

104 „Education is ... the key to sustainable development and peace and stability within and among countries, and thus an indispensable means for effective participation in the societies and economies of the twenty-first century." World Education Forum (WEF) in Dakar (2000).

105 Sozialwort des Ökumenischen Rates der Kirchen in Österreich, Wien 2003, 18.

106 A.a.O., 21.

107 Funke, Dieter: Im Glauben erwachsen werden. Psychische Voraussetzungen der religiösen Reifung, München 1986.

108 Böhnke, Michael (Hg.): Erwachsen im Glauben. Beiträge zum Verhältnis von Entwicklungspsychologie und religiöser Erwachsenenbildung, Stuttgart 1992.

109 Johannes Paul II.: Fides et ratio, Rom 1998. – Dazu auch die klare Positionierung von Joseph Ratzinger (nunmehr Benedikt XVI.): Ratzinger, Joseph: Werte in Zeiten des Umbruchs. Die Herausforderungen der Zukunft bestehen, Freiburg 2005.

110 Guardini, Romano: Briefe über Selbstbildung, bearbeitet von Ingeborg Klimmer, Mainz [9]1957.

111 Mehr dazu in Zulehner, Paul M.: Kirche umbauen – nicht totsparen, Ostfildern [2]2005.

112 Rahner, Karl: Strukturwandel der Kirche als Aufgabe und Chance, Freiburg [2]1972 (Neuauflage 1989), 91.

113 Unsere Hoffnung, in: Gemeinsame Synode der Bistümer in der Bundesrepublik Deutschland, hg. i. A. d. Präsidiums der Gemeinsamen Synode von Ludwig Bertsch, Freiburg [3]1976.

114 Ist es nicht eine der entlastenden „Nebenwirkungen", wenn Religionen von dämonischen Mächten, von einem Diabolos, einem Verwirrer, dem Teufel sprechen: weil dann der Mensch nicht an allem allein schuld ist.

115 Limbeck, Meinrad: Aus Liebe zum Leben, Stuttgart 1983.

116 Wolff, Hans W.: Dodekapropheten 2, Neukirchen-Vluyn 1969, 105–134. – Blunck, Jürgen: Biblisches Wörterbuch, Haan 2003. 35f.

117 Angenendt, Arnold: Toleranz und Gewalt: Das Christentum zwischen Bibel und Schwert, Münster 2005.

118 Rüthers, Bernd: Toleranz in einer Gesellschaft im Umbruch, Konstanz 2005.

119 Pleşu Andrei: Die Toleranz und das Intolerable: Krise eines Konzepts, Basel 2005.

120 Vgl. Zweites Vatikanisches Konzil: Gaudium et spes, 19–21.

121 Lachmann, Günther: Tödliche Toleranz: die Muslime und unsere offene Gesellschaft, München 2005.

122 Poetsch, Hans-Lutz: Liebe und Toleranz im Licht der Bibel, Groß Oesingen 2005.

123 Hole, Günter: Fanatismus. Der Drang zum Extrem und seine psychischen Wurzeln, Gießen 2004.

124 Wahl, Heribert: Narzissmus? Von Freuds Narzissmustheorie zur Selbstpsychologie, Stuttgart 1985. – Ders.: Christliche Ethik und Psychoanalyse. Eine kritische Anfrage an das latente Menschenbild, München 1980. – Stenger, Hermann/Berkel, Karl: Eignung für die Berufe der Kirche. Klärung – Beratung – Begleitung, Freiburg [2]1989.

125 Ulrich, Susanne: Achtung (+) Toleranz. Wege demokratischer Konfliktregelung, Gütersloh [4]2005.

126 Schreiter, Robert J.: Wider die schweigende Anpassung: Versöhnungsarbeit als Auftrag und Dienst der Kirche im gesellschaftlichen Umbruch, Luzern 1993.

127 Johannes Paul II.: Botschaft zum Weltfriedenstag 2002, 8.

128 Johannes Paul II.: Botschaft zum Weltfriedenstag, 1. Januar 1997, Nr. 5.

129 Begründung: Die Europäischen Institutionen (OSZE, Europarat, EU) sind die Motoren der politischen Neuordnung für ganz Europa. Wenn sich die Kirchen von diesem Prozess nicht ausschließen wollen, bedarf es gemeinsamer Initiativen, kontinuierlichen Erfahrungsaustausches und der beständigen Analyse der europäischen Entwicklung. Das betrifft besonders alle Anstrengungen, den Waffenhandel zu begrenzen (z. B. durch einen europäischen Verhaltenskodex), und den Protest gegen die Herstellung, den Export und die Anwendung von Landminen.

130 Begründung: Der Versöhnungsauftrag der Kirchen verlangt von ihnen, alle Bemühungen zu unterstützen, die der Anwendung von Gewalt vorbeugen oder ihre Folgen heilen. Dazu gehören die verschiedenen Formen der Konfliktmediation ebenso wie der Einsatz beim Wiederaufbau und das Bemühen, heimkehrenden Flüchtlingen einen menschenwürdigen Neuanfang zu ermöglichen.

131 KEK ist die Konferenz Europäischer Kirchen, CCEE die Abkürzung für den Rat der Konferenz der Europäischen Bischofskonferenzen.

132 Begründung: Die Entwicklung einer Kultur der Gewaltlosigkeit verlangt nach Bildungsprozessen, in denen sich lokale mit internationalen Erfahrungen verbinden. Entsprechende Bildungsprogramme sollten besonders junge Menschen, aber auch Soldaten und Politikerinnen und Politiker einbeziehen.

133 Begründung: Sowohl auf globaler als auch mancherorts auf nationaler Ebene werden Projekte zur Institutionalisierung ziviler Konfliktbearbeitung und -lösung diskutiert. Es ist sehr wichtig, dass die Kirchen sich an dieser Diskussion intensiv beteiligen, und es würde ihre Glaubwürdigkeit unterstreichen, wenn sie von sich aus in dieser Hinsicht ein deutliches Zeichen setzten. Gemeinsame Rahmenbedingungen für Friedensfachdienste würden helfen, der Basler Selbstverpflichtung nachzukommen, Schalom-Dienste zu schaffen.

134 Krokoch, Nikolai (Mykola): Ekklesiologie und Palamismus. Der verborgene Stolperstein der katholisch-orthodoxen Ökumene, Dissertation, München 2004, 111–123. – Hofstetter, Klaus: Die Kirche als Ikone des dreifaltigen Gottes. Einheit der Kirche als Gabe und Berufung, Diplomarbeit, München 1993. – Strukelj, Anton: Kirche als Ikone der Heiligen Dreifaltigkeit: Zum 100. Geburtstag von Hans Urs von Balthasar, in: Klerusblatt 85 (2005), 150–154.

135 Schlosser: Das Leiden der anderen im eigenen Herzen, 53.

136 A.a.O., 54.

137 Merklein, Helmut: Die Jesus-Geschichte. Synoptisch gelesen, Stuttgart 1995, 156.

138 In: Zulehner, Paul M./Fischer, Josef/Huber, Max: Sie werden mein Volk sein. Grundkurs gemeindlichen Glaubens, Düsseldorf 1985.

139 Dafür stehen viele Beispiele auch innerhalb des lateinischen Ritus. So der Ritus der Kirche von Zaire, die zum römischen Ritus gehört. Er ist heute dem Neokatechumenat *ad experimentum* gestattet. Im altspanischen (*mozarabischen*) Ritus – einem der drei offiziellen Riten der lateinischen Westkirche –, der heute wieder für das Erzbistum Toledo gilt und für ganz Spanien zugelassen ist, erfolgen die Versöhnungsbitte und der Friedensgruß ebenfalls vor dem Hochgebet.

140 Nouwen, Henri: Nimm sein Bild in dein Herz, Freiburg [7]1998.

141 Der österreichische Kaiser Joseph II. merzte alle Formen des kirchlichen Lebens aus, die nicht staatsnützlich waren. Kontemplative Orden, wie etwa die Trappisten in Engelszell (das 1293 durch Wernhart von Passau gründete Kloster wurde 1786 durch Kaiser Joseph II. aufgehoben; seit 1926 ist es das einzige Trappistenkloster in Österreich), schloss er. Religi-

on wurde dadurch gesellschaftlich vernützlicht. Die Vernützlichung der Religion läutet aber deren Ende ein. Es ist wie bei der Liebe, wie sie in der Poesie besungen wird, oder wie bei der Schönheit einer Rose: „*Rose is a rose is a rose is a rose.*“ (Gertrude Stein, Sacred Emily, 1913).

142 Rahner: Strukturwandel, 88.

143 Horx, Matthias: Megatrends der späten neunziger Jahre, Düsseldorf 1995. – Martin, Ariane: Sehnsucht – der Anfang von allem. Dimensionen zeitgenössischer Spiritualität, Ostfildern 2005.

144 Zulehner, Paul M.: Kirche umbauen – nicht totsparen, Ostfildern 2005.

145 So der Titel eines Bestsellers von Adolf Holl, Stuttgart 1977 (Neuauflage 2003).

146 Ein Meister dieses Zusammenhangs von Schweigen und Reden vor Gott war Karl Rahner, dessen Theologie nicht nur denkend, sondern betend war, eine kniende Theologie, wie er sie selbst gern bezeichnete: Štrukelj, Anton: Kniende Theologie, St. Ottilien ²2004.

147 Das kritische Wort vom „Wortdurchfall“ ist nicht unbegründet: Zulehner, Paul M.: Wie Musik zur Trauer ist ein Wort zur falschen Zeit (Sir 22,6). Wider den kirchlichen Wort-Durchfall, Ostfildern ²1998.

148 *Miserum cor habens propter miseriam alterius*, Thomas von Aquin, Sth II II, 30,1c. – Mehr dazu in Schlosser: Das Leiden der anderen im eigenen Herzen, 58.

149 Schlosser: Das Leiden der anderen im eigenen Herzen, 66.

150 Petuchowski, Jakob J.: Gottesdienst des Herzens. Eine Auswahl aus dem Gebetsschatz des Judentums, Freiburg 1981, 117.

151 Emeis, Dieter: Zwischen Ausverkauf und Rigorismus: zur Krise der Sakramentenpastoral, Freiburg ³1992.

152 „Vielleicht würden wir überhaupt oft richtiger, d. h. evangeliumsgemäßer handeln, wenn wir uns öfter fragten, was wohl Jesus in diesem Fall tun würde.“ Klostermann, Ferdinand: Wie wird unsere Pfarrei eine Gemeinde? Für alle Mitarbeiter in der Pfarrgemeinde, Freiburg 1979, 131.

153 Balthasar, Hans Urs von: Was dürfen wir hoffen, Einsiedeln 1989.

154 Heizer, Judith: „Es fühlt sich überhaupt nicht nach Liebe an.“ Eine qualitativ-empirische Studie zu Theodizee, Gottesbeziehung und Gottesbild im Gespräch mit Krebskranken, Dissertation, Wien 2005.

155 Wien, 17. Juni 2004, Manuskript; dokumentiert in: www.pastoral.univie.ac.at/service. Der Patriarch zitiert auch noch einen Textentwurf der panorthodoxen Synode: „Akribie bezeichnet das strikte Festhalten der Kirche an den kanonischen Verordnungen, die jeden Gläubigen angehen. Der andere Begriff, Oikonomia, bedeutet die liebende Sorge der Kirche um ihre Glieder, die ihre kanonischen Anordnungen übertraten, sowie um jene Christen, die außerhalb ihrer Gemeinschaft stehen und in sie

eintreten möchten. Die Oikonomia kann entweder als eine Art Abweichung von der vollen und genauen Annahme der Heilswahrheit betrachtet werden ... oder als Abweichung von der genauen und vollständigen Befolgung des kanonischen Rechtes. Doch gleichzeitig schafft die Oikonomia die Genauigkeit (Akribie) nicht ab ... Die Oikonomia als ein außerordentliches Heilsmittel überschreitet die starren kirchenrechtlichen Grenzen der Akribie im sakramentalen Leben der Kirche ... Die Oikonomia ist in der Kirche ihr aus der Tradition abgeleitetes Vorrecht, wobei ihre Klugheit, Weisheit, pastorale Offenheit und ihre Vollmacht, Rücksicht zu nehmen, wo immer es angeht, voll zum Ausdruck kommen, auf dass das Werk der Erlösung des Menschen auf Erden zur Vollendung gelange und am Jüngsten Tag alles in Christus versöhnt werde. Demnach ist die Anwendung der Ökonomie keine willkürliche Missachtung der Dogmen, der gesetzlichen Verordnungen und der Kanones der Kirche, sondern ein dynamisches und außerordentliches Heilsmittel. Das Prinzip der Ökonomie wird auch im Bereich des sakramentalen Lebens angewandt, z. B. im Rahmen der Ehepastoral und der Beichte, der Stärke der Bußauflagen, der Fastenregeln etc."

156 *Mit der Geburt Jesu Christi war es so: Maria, seine Mutter, war mit Josef verlobt; noch bevor sie zusammengekommen waren, zeigte sich, dass sie ein Kind erwartete – durch das Wirken des Heiligen Geistes. Josef, ihr Mann, der gerecht war und sie nicht bloßstellen wollte, beschloss, sich in aller Stille von ihr zu trennen. Während er noch darüber nachdachte, erschien ihm ein Engel des Herrn im Traum und sagte: Josef, Sohn Davids, fürchte dich nicht, Maria als deine Frau zu dir zu nehmen; denn das Kind, das sie erwartet, ist vom Heiligen Geist. Sie wird einen Sohn gebären; ihm sollst du den Namen Jesus geben; denn er wird sein Volk von seinen Sünden erlösen.* (Mt 1,18–21)

157 *An einem Sabbat ging er durch die Kornfelder und unterwegs rissen seine Jünger Ähren ab. Da sagten die Pharisäer zu ihm: Sieh dir an, was sie tun! Das ist doch am Sabbat verboten. Er antwortete: Habt ihr nie gelesen, was David getan hat, als er und seine Begleiter hungrig waren und nichts zu essen hatten – wie er zur Zeit des Hohenpriesters Abjatar in das Haus Gottes ging und die heiligen Brote aß, die außer den Priestern niemand essen darf, und auch seinen Begleitern davon gab? Und Jesus fügte hinzu: Der Sabbat ist für den Menschen da, nicht der Mensch für den Sabbat.* (Mk 2,23–28)

158 „Von der Einsetzung des Abtes": Die Benediktusregel. Eine Anleitung zu christlichem Leben. Der vollständige Text der Regel. Übersetzt und erklärt von Georg Holzherr, Abt von Einsiedeln, Zürich 1980, Kapitel 64, 256f.

159 Erklärung der österreichischen Bischöfe zum Abschluss der Bischofssynode, zit. nach: Verordnungsblatt der Erzdiözese Salzburg 11 (1980), 153–

156. – Dazu auch: Zulehner, Paul M.: Scheidung, was dann? Fragment einer katholischen Geschiedenenpastoral, Düsseldorf 1982.

160 In eine ähnliche Richtung überlegten die Ortskirchen der Oberrheinischen Kirchenprovinz und gerieten dabei in eine intensive, aber auch produktive Auseinandersetzung mit der Glaubenskongregation. Gemeinsames Hirtenschreiben der Bischöfe der Oberrheinischen Kirchenprovinz zur Pastoral mit Geschiedenen und wiederverheiratet Geschiedenen, 1993. – Kongregation für die Glaubenslehre: Schreiben an die Bischöfe der katholischen Kirche über den Kommunionempfang von wiederverheirateten geschiedenen Gläubigen, Rom 1994. – Einen Überblick gibt Krätzl, Helmut: Dramatisches Ringen um die rechte Pastoral an wieder verheirateten Geschiedenen, in: Neue Freude an der Kirche, Innsbruck 2001, 185–205.

161 Johannes Paul II.: Familiaris consortio, Rom 1980, 84.

162 „Vor seiner Wahl zum Papst habe Joseph Ratzinger an einem Dokument über wiederverheiratete Katholiken gearbeitet. Mit diesem Papier soll sich nun sein Nachfolger an der Spitze der vatikanischen Glaubenskongregation befassen, berichtete die italienische Tageszeitung ‚la Repubblica‘. – Nach einer ‚schuldlosen‘ Scheidung sollten wiederverheiratete Katholiken zu den kirchlichen Sakramenten zugelassen werden, hieß es laut ‚la Repubblica‘ in Ratzingers Dokument.“ Wiener Zeitung, 23. April 2005.

163 König, Franz: Das Zeichen Gottes: die Kirche in unserer Zeit, Graz 1973. – Zulehner, Paul M.: Scheidung, was dann? Bausteine einer katholischen Scheidungspastoral, Düsseldorf 1982. – Ders.: Aufatmen. Ermutigung für Geschiedene, Ostfildern 1989. – Ders.: Wenn Lebenspläne zerbrechen, Paderborn ^{2}1990.

164 Ott, Anton: Die Ehescheidung im Matthäus-Evangelium, Würzburg 1939. – Stramare, Tarcisio: Matteo divorzista? Studio su Mt 5,32 e 19,9, Brescia 1986. – Werden, Wim: Ehe, Ehebruch und Ehescheidung. Interpretationen alttestamentlicher Texte in Matthäus 5,27–32 und 19,3–12, Fribourg 2004.

165 Berger, Brigitte/Berger, Peter L.: In Verteidigung der bürgerlichen Familie, Frankfurt 1980.

166 Schmidtchen, Gerhard: Was den Deutschen heilig ist, Freiburg 1976. – Zulehner, Paul M.: Religion im Leben der Österreicher, Wien 1981. – Ders. u. a.: Vom Untertan zum Freiheitskünstler, Wien 1991.

167 Heigl-Evers, Anneliese/Heigl, Franz: Lieben und Geliebtwerden in der Ehe, Stuttgart 1969.

168 Lefebvre, Henri: Kritik des Alltagslebens, München 1955.

169 Hemingway, Ernest: Wem die Stunde schlägt, Berlin ^{4}1984.

170 Marianne Gronemeyer: Leben als letzte Gelegenheit. Zeitknappheit und Sicherheitsbedürfnisse, Darmstadt 1993.

171 Willi, Jürg: Koevolution. Die Kunst gemeinsamen Wachsens, Reinbek 1985.

172 Bleistein, Roman: Wer liebt, sucht im letzten ..., aus: Bleistein, Roman: Die jungen Christen und die alte Kirche, Herderbücherei Bd. 547, © Verlag Herder, Freiburg [2]1977, 75.

173 Dazu: Berger, Peter L./Luckmann, Thomas: Die gesellschaftliche Konstruktion der Wirklichkeit, Frankfurt [20]2004.

174 Büchele, Herwig u. a.: Grundeinkommen ohne Arbeit. Auf dem Weg zu einer kommunikativen Gesellschaft, hg. v. d. KSÖ, Wien 1985. – Kress, Ulrike: Lohn ohne Arbeit? Interview mit Herwig Büchele – Liselotte Wohlgenannt, in: Solidarität (Oktober 1985), 13-15. – Fritsch, Bruno: Das Prinzip Offenheit, München 1985. – Dahrendorf, Ralph: Für jeden Bürger ein garantiertes Einkommen. Ein Leben auch ohne Lohnarbeit. Wie ein neuer Sozialkontrakt aussehen müsste, in: Die Zeit 5/17. Januar 1986, 32. – Schaff, Adam: Wohin führt der Weg? Die gesellschaftlichen Folgen der zweiten industriellen Revolution, Wien 1985. – Wohlgenannt, Liselotte/Büchele, Herwig: Den öko-sozialen Umbau beginnen: Grundeinkommen, hg. v. d. KSÖ, Wien 1990. – Schmähl, Winfried (Hg.): Mindestsicherung im Alter: Erfahrungen, Herausforderungen, Strategien, Frankfurt 1993. – Kaltenborn, Bruno: Von der Sozialhilfe zu einer zukunftsfähigen Grundsicherung, Baden-Baden 1998. – Knecht, Alban: Bürgergeld. Armut bekämpfen ohne Sozialhilfe: negative Einkommenssteuer, Kombilohn, Bürgerarbeit und RMI als neue Wege, Bern 2002. – Standing, Guy: Beyond the new paternalism: basic security as equality, New York 2002. – Tálos, Emmerich (Hg.): Bedarfsorientierte Grundsicherung, Wien 2003. – Gerntke, Axel: Einkommen zum Auskommen: von bedingungslosem Grundeinkommen, gesetzlichen Mindestlöhnen und anderen Verteilungsfragen, hg. v. d. Koordinierungsstelle Gewerkschaftlicher Arbeitslosengruppen, Hamburg 2004. – Vanderborght, Yannick/van Parijs, Philippe: Ein Grundeinkommen für alle? Geschichte und Zukunft eines radikalen Vorschlags, Frankfurt 2005. – Krönemann, Britta: Der verfassungsunmittelbare Anspruch auf das Existenzminimum: zum Einfluss von Menschenwürde und Sozialstaatsprinzip auf die Sozialhilfe, Hamburg 2005.

175 Vgl. zu dieser wesentlichen Qualität von menschlicher Arbeit die schöpfungstheologischen Überlegungen von Sölle, Dorothee: Lieben und arbeiten. Eine Theologie der Schöpfung, Stuttgart 1985.

176 Büchele u. a.: Grundeinkommen ohne Arbeit, 24f.

177 Büchele entwickelt dieses Argument unter dem Stichwort „lebensfreundliche Leistungen statt Leistungszwang“: A.a.O., 25–27. – Dazu auch die Zusammenstellung von Büchele, Herwig: Wenn der Roboter allen die Gehäl-

ter zahlt. Das neue Konzept. Unser Sozialsystem braucht ein neues Fundament, in: Publik-Forum 8./19. April 1985, 3–5.

178 Büchele u. a.: Grundeinkommen ohne Arbeit, 31.

179 Dazu auch die Zusammenstellung von Wohlgenannt, Liselotte: Garantiertes Einkommen in Theorie und Politik, a. a. O., 114–130.

180 Sozialwort des Ökumenischen Rates der Kirchen in Österreich, Wien 2003, 31.

181 Kierkegaard, Sören: Jenseits der Angst, Oberpframmern 2005. – Drewermann, Eugen u. a.: Gespräche über die Angst, Gütersloh 1991. - Biser, Eugen: Theologie als Therapie: zur Wiedergewinnung einer verlorenen Dimension, Heidelberg 1985.

182 Rahner, Karl SJ: Die Erde, unsere große Mutter ..., aus: Rahner, Karl: Kleines Kirchenjahr, © Deutsche Provinz der Jesuiten, München 1954, 85f.

183 A.a.O., 87f.

184 Auszug aus: Johannes Paul II.: Schuldbekenntnis und Vergebungsbitte am Tag der Vergebung, Sonntag, 12. März 2000.